El Laúd del Desterrado

---

edición crítica de
Matías Montes-Huidobro

Recovering the U.S. Hispanic Literary Heritage Project Publication

Arte Público Press
Houston, Texas
1995

Esta publicación ha sido posible gracias a las subvenciones otorgadas
por las fundaciones Andrew W. Mellon y Rockefeller.

Recovering the past, creating the future

Arte Público Press
University of Houston
Houston, Texas 77204-2090

Cover design by Mark Piñón

El laúd del desterrado / edición crítica de Matías Montes-Huidobro.
    p.   cm.
Includes bibliographical references.
ISBN 1-55885-082-1
1. Cuban poetry—19th century. I. Montes-Huidobro,
Matías.
PQ7384.L22   1995
861—dc20   95-11586
                                                      CIP

Dedicatoria

Para mis hijos Ana María y Eugenio,
y mis nietos, Justin y Ariel,
que también forman parte de esta herencia cultural.

Nota preliminar sobre la presente edición

Existen dos ediciones previas de *El Laúd del Desterrado*. La primera, que es la que hemos utilizado en la preparación que ha estado a nuestro cargo, se publica en Nueva York, en la imprenta de "La Revolución" en 1858, y aparece inscripta por José Elías Hernández, de acuerdo con las regulaciones del Congreso, en la corte judicial del Distrito Sur de Nueva York. En el año 1903 apareció una nueva edición en la revista *Cuba y América*.

Max Henríquez-Ureña considera que Pedro Santacilia fue el promotor de esta antología poética. El libro se inicia con un comentario previo muy atinado y medido firmado por El Editor, sin indicarse el nombre del mismo, que bien pudiera ser el propio Hernández. Juan J. Remos lo atribuye a Cirilo Villaverde. Lo que realmente sorprende del prólogo es el significado actual del mismo, que hoy día tiene vigencia en gran parte de la conciencia cubana.

En la presente edición se ha mantenido el comentario previo, el orden de los poetas que aparecen en el libro, y todos los textos han sido presentados como en la primera edición, salvo en aquellos casos en que cambios ortográficos y de puntuación nos han parecido imprescindibles. Dado el carácter patriótico del libro, nos ha parecido indispensable un prólogo destinado a ubicar los textos dentro del panorama histórico cubano. Además, como los autores de *El Laúd del Desterrado*, salvo el caso de José María Heredia y Juan Clemente Zenea, han sido poco estudiados, el ensayo biográfico-crítico nos ha servido para la reubicación más específica de cada poeta. Aclaraciones literarias, históricas y léxicas aparecen insertas, siempre que ha sido posible hacerlo, dentro del análisis histórico del prólogo y la presentación de los autores, para darle así mayor fluidez a la lectura, lo que nos ha permitido reducir al mínimo las notas al pie de página. Completa la edición una tabla cronológica y una bibliografía. Seguido muy a distancia por Juan J. Remos, deben destacarse dentro de la ficha bibliográfica los trabajos de José Manuel Carbonell, prácticamente el único crítico y erudito que ha prestado aten-

ción sistemática a este libro y a los autores menos conocidos que en el mismo aparecen.

Finalmente, quisiera agradecerle a mi esposa, la Dra. Yara Gonález-Montes, sus sugerencias y ayuda en la preparación final de este trabajo.

Matías Montes-Huidobro

Prólogo

El Laúd del Desterrado: toma de conciencia, santuario y desolación

> La sangre tiene formas extrañas.
> La más cruel es el olvido.—MMH

Casi desde principios del siglo XIX la experiencia histórica de carácter trágico tiende a darle a la poesía cubana una mayor autenticidad gracias a la formación misma de la nacionalidad y a la configuración de su conciencia histórica. Su denominador común es la lucha contra la tiranía y el destierro. En ese momento, José María Heredia se convierte en una figura representativa de la lírica del desterrado, y es por eso que está unido a la nómina del grupo de poetas que aparecen reunidos en este libro. El significado de esta obra es notable. "La significación de este libro en la historia de nuestras luchas emancipadoras es extraordinaria, pues constituyó hasta 1868 en que tuvo efecto el gesto de Céspedes, 'una especie de catecismo patriótico en la Universidad y en los colegios cubanos'. Los ejemplares que llegaron a Cuba, corrían de mano en mano entre los jóvenes profesores y alumnos que sentían hervir en el pecho el ansia redentora; y, burlando la persecución del gobierno español, se los facilitaban unos a otros y se hacían copias fieles, porque querían conservar sus poesías y recitarlas queda y devotamente, como credos de fe que alentaban sus anhelos y afianzaban sus decisiones" (Remos, 132-133). Obra publicada en los Estados Unidos, por desterrados cubanos, juega un primerísimo papel en la formación ideológica nacional y en al trayectoria hacia la independencia. Es, además, el símbolo de la realidad histórica que afecta directamente al escritor, hasta el punto de que la historia en conjunción con la geografía determinan el carácter patriótico de la lírica y el destino del escritor como hombre y como artista.

Este signo no quedará circunscripto al siglo XIX, sino que será un hecho que se prolongará y repetirá en el siglo XX. Desde sus inicios casi, la literatura cubana se escribe con una doble vertiente, la insular y la continental. Este fenómeno está estrechamente unido al desarrollo de las relaciones cubano-americanas, y *El Laúd del Desterrado* puede considerarse un precursor de las razones y el carácter de todo un movimiento de las letras cubanas que se desarrolla en los Estados Unidos hasta nuestros días. Se crea una tradición político-literaria que forma parte de nuestro devenir como nación y es elemento formativo de nuestra nacionalidad y nuestra literatura. Partir, irse, escapar de la esclavitud o la asfixia, es entre los escritores cubanos una tradición con una genética histórica. Muchos escritores cubanos del siglo XIX, y sin duda los más representativos, viven, por consiguiente, dentro de un panorama continental abierto a múltiples corrientes. No quiere esto decir que se formen dos literaturas. Es una sola, dependiente en particular de la historia y la toma de conciencia. Durante la segunda mitad del siglo XX, la fenomenología del destierro se ha acrecentado, en estrecho nexo con el pasado décimonono. Antes como ahora, la presión político-ideológica deja su huella en el quehacer literario.

Lo cubano encuentra en el destierro un vehículo expresivo que se extiende ya hasta el siglo próximo, al mismo tiempo que, dada su trayectoria histórica y su vigencia, forma parte de una creciente importancia que tienen las letras hispanas en los Estados Unidos. Se inserta la lírica cubana dentro de una nueva realidad, la cubano-americana, con características propias dentro del conglomerado de las literaturas de ascendencia hispánica en este país, unidas por un lazo común de inmigración e identidad cultural, aunque separadas por los rasgos definitorios de cada una de ellas en un juego donde la unidad se complementa con la diversidad, lo que nos une con lo que nos hace diferentes.

Los poetas que forman el grupo de *El Laúd del Desterrado*, se encuentran encabezados, simbólicamente, por José María Heredia (1803-1839), que se había convertido en la figura más representativa de la lírica del desterrado. La nómina incluye a Miguel Teurbe Tolón (1820-1857), Leopoldo Turla (1818-1877), Pedro Angel Castellón (1820-1856), Pedro Santacilia (1826-1910), José Agustín Quintero (1829-1885) y Juan Clemente Zenea (1832-1871). Al mismo tiempo, pasarán a formar parte de una tradición no sólo política sino cultural. Muchos de ellos se dedicarán, como medio de subsistencia, a la enseñanza, iniciándose así un largo proceso de participación académica que se ampliará en el siglo XX. Como creadores y como traductores, publicarán en este país y, unos cuantos también escribirán en inglés, iniciándose así, desde el principios del siglo XIX, el movimiento de las letras cubano-americanas. Pero la historia política será el factor determinante. Si tomamos en cuenta la fecha de nacimiento de estos poetas y la fecha de publicación de la primera edición del libro que comentamos, 1858, una breve reubicación histórica se vuelve imprescindible para comprender el "escenario" dentro del cual se desarrolla su poesía.

El período histórico que va desde 1803, fecha del nacimiento de Heredia, hasta 1858, fecha de publicación de *El Laúd del Desterrado*, es extremadamente complejo y se encuentra cuajado de luchas, esperanzas y frustraciones. Lírica políticamente comprometida y máximo exponente de la poesía patriótica de la primera mitad del siglo XIX, no es posible entender plenamente su significado sin realizar al mismo tiempo una aproximación histórica desde principios del siglo XIX hasta el momento de su publicación.

En 1808 tiene lugar la invasión napoleónica en España, dándose inicio a una contienda de liberación que repercutirá en toda la América Latina. Al establecerse núcleos revolucionarios en Cádiz que promulgan la Constitución de 1812, de carácter liberal, se produce una reacción en cadena, ya que las colonias, después de declarar su fidelidad a España y apoyar la constitución, acaban por tomar esta posición como punto de partida para dar el salto a la independencia. Para 1823, España había perdido prácticamente todas sus colonias americanas, salvo Cuba y Puerto Rico. Como es natural, este escenario repercute en la conciencia cubana que trata de buscar una solución a su circunstancia, la cual dada su condición insular la va a situar, ya desde el siglo pasado, en el callejón sin salida de una situación desesperada. Esto se acrecienta por el hecho que, siendo uno de los pocos baluartes que le queda a España, una concentración de poder, fuerza y orgullo de parte España, recrudece el carácter férreo y despiadado del poder colonial.

El aislamiento caribeño lleva a los cubanos a buscar el apoyo exterior, y lo hacen en dos direcciones, hacia el sur y hacia el norte; hacia Simón Bolívar, como figura que encabeza los movimientos independentistas suramericanos, y hacia los Estados Unidos, portavoz del ideario democrático. Pero en ambas direcciones no se obtienen los convenientes resultados. El exilio político produce una constante de la trashumancia, donde no sólo los Estados Unidos (particularmente Nueva Orléans y Nueva York), sino también Venezuela y muy en particular México, se encuentran muy relacionados con el paisaje cubano que se crea fuera de Cuba. "El espíritu revolucionario de la Isla quedó vagando por la América libre. México abrió sus puertas en aquellos días de tristeza y amarguras al ansia patriótica de los hijos de la vecina Antilla. Algunos de los emigrados en México, Antonio Abad Iznaga, José Teurbe Tolón y José Antonio Unzueta, con otros, quisieron levantar y levantaron la bandera de la independencia de Cuba. El 4 de julio de 1825 constituyeron la Junta Promotora de la Libertad Cubana, animados del propósito de laborar hasta conseguir que el águila de los aztecas remontase su vuelo sobre la antigua Cubanacán, como llamaban a Cuba" (Santovenia, 291). Pero la generación de *El Laúd del Desterrado*, salvo en el caso de Pedro Santacilia, precisamente en México, no podría ver realizado su sueño.

En cuanto a Bolívar, tras infructuosos intentos de entrevistarse con él cuando realizaba la campaña del Perú, José Agustín de Arango y José Aniceto Iznaga lograrán finalmente hacerlo en 1825, confirmando el propósito que tenía Bolívar de ayudar a los cubanos. Pero está propuesta encontrará la oposición del gobierno norteamericano, que le da un golpe de muerte en el Congreso de Panamá de 1826, auspiciado por Bolívar, en el cual los Estados Unidos se opone a que se incluya el tema de la libertad de Cuba en la agenda del mismo. Cuando después del Congreso, logra otra comisión cubana entrevistarse con "El Libertador", no es de extrañar que este le dijera: "No podemos chocar con el gobierno de los Estados Unidos quien unido al de Inglaterra, está empeñado en mantener la autoridad de España en las islas de Cuba y Puerto Rico, no obstante que esa determinación nos ha de mantener en constante alarma y nos causa crecidos gastos…" (Márquez Sterling, 80). Es decir, el país que le sirve a los cubanos de santuario contra la tiranía y de arquetipo ideológico, que inclusive lo acoge en su seno, se vuelve, en la práctica, un colaborador encargado de perpetuar la tiranía misma.

La complejidad de la circunstancia cubana se pone de manifiesto a nivel internacional. "De 1800 a 1825, Cuba se convirtió en un peón de ajedrez en el juego de las grandes potencias. Era un crucigrama la situación de nuestra isla. Lo que le convenía a Francia no era lo que convenía a Estados Undos, lo que convenía a Estados Unidos no era lo que convenía a Inglaterra. Lo que convenía a Inglaterra no le convenía a nadie" (Márquez Sterling, 70). Desde principios del siglo XIX los Estados Unidos muestra su interés en apoderarse de Cuba, pero en una política ambivalente no llega a hacerlo y tampoco ofrece soluciones. Tanto Thomas Jefferson como James Monroe participaron en intrigas y manipulaciones que afectaban los mejores intereses de los cubanos en sus luchas de liberación, aunque no se hizo otra cosa que perpetuar el dominio de España en el poder, con resultados funestos para Cuba y poniendo de manifiesto una sinuosidad hipócrita y desmoralizante. A la larga los Estados Unidos se muestra indiferente ante las injusticias a que los cubanos se encontraban sometidos. Un concepto de supremacía colonialista y racial, latente hasta hoy día, se hace evidente. "The prospect of Cuban independence aroused other concerns, mostly centering on fears of Cuban incapacity for self-government… Henry Clay gave explicit and enduring form to U.S. oposition to Cuban independence. 'This government desires no political change of that condition,' he insisted. 'The population itself of the island is incompetent at present, from its composition and amount, to maintain self-government.' Indeed, should Cuba became the theatre of revolution, Clay concluded in a thinly veiled warning..." (Pérez, 109-110), la intervención norteamericana se haría inevitable. No será hasta fines del siglo XIX que los intereses norteamericanos se definan y haya un cambio de dirección que, para muchos, llegaba demasiado tarde. Las tácticas norteamericanas caracterizan las obvias contradicciones entre el ideario democrático, los derechos humanos y los intereses del capital. En última instancia respondían a una premisa de supremacía colonialista.

Mientras tanto en Cuba, bajo un clima de extraordinaria represión, los intentos independentistas se suceden unos tras otros, y de igual modo, fracasan todos ellos, produciendo una constante de desaliento y frustración que tendrá su acogida en la lírica. Durante el gobierno del Marqués de Someruelos se montó un gran aparato represivo que tuvo como resultado el descubrimiento de la conspiración separatista de Román de la Luz, denunciado, preso y deportado; y la ejecución de un joven mexicano, Manuel Rodríguez Alemán, que conspiraba a favor del rey José Bonaparte y murió ahorcado, siendo esta la primera ejecución de carácter político que tiene lugar en Cuba. La represión de Someruelos acentúa su carácter macabro con la ejecución del negro libre José Antonio Aponte, que acaudillaba otro intento de liberación. "Al comienzo de la calzada de San Luis Gonzaga, lugar donde había vivido Aponte, el marqués de Someruelos exhibió, en sendas jaulas de alambre, las cabezas del jefe rebelde y de su lugarteniente Chacón" (Márques Sterling, 73). Durante los gobiernos de Francisco Dionisio Vives y Mariano Ricafort, luchas y represiones se suceden. La creación por el general Vives de las Comisiones Ejecutivas Militares Permanentes sirvió de vehículo represivo dispuesto a darle el golpe de muerte a cualquier movimiento independentista. El descubrimiento de la "Conspiración de los Soles y Rayos de Bolívar" hizo evidente el proceso de concientización que estaba teniendo lugar, ya que en la misma, con ramificaciones en toda la isla, participaron cubanos de renombre e influencia, encabezada la lista por el poeta José María Heredia, que tiene que escapar al extranjero. En 1826 no siguen mejor suerte Francisco Agüero y Andrés Manuel Sánchez, que llegaron a Cuba en la goleta "Maryland", fueron descubiertos, perseguidos y condenados a morir en la horca. En una balandra también de nombre inglés, "Margaret", llega a Cuba Alfonso Betancourt en lo que ha sido conocido como "expedición de los trece", tratando de dar a conocer, infructuosamente, unas proclamas dirigidas al pueblo de Cuba. Finalmente, dentro de este período inicial independentista, fracasa el intento de invasión que se conoce con el nombre de Gran Legión del Águila Negra, donde la Comisión Ejecutiva Permanente dicta en 1830 fallos de destierro y pena de muerte, aunque es posible que esta conspiración fuera una invención del poder colonial para acrecentar la represión. Entre los acusados se encontraban, fuera de Cuba, Heredia y Teurbe Tolón, que fueron también condenados. Pero "si Vives preparó las cadenas que habían de oprimir a Cuba, el general Tacón las remachó sólidamente. Reprimió, con dureza, la conspiración de La Cadena Triangular y Soles de la Libertad, desterró a José Antonio Saco, evitó la restauración de la Constitución de 1812 y consiguió que los diputados cubanos fueran rechazados de las cortes de 1837, perdiendo la Isla definitivamente su condición de provincia española" (Márques Sterling, 81). Este hecho, unido a la exclusión de los cubanos en los cargos públicos, que tiene lugar durante el gobierno de Joaquín Ezpeleta pone en evidencia que cualquier posibilidad de gobierno autonómico no era más que una utopía y que nada iba a poder lograrse debido a la intransigencia de la tiranía.

Es obvio que la organización de una maquinaria represiva eficiente necesita de una hábil, compleja, desmoralizante y maquiavélica mecánica. Características presentes, a su vez, en el intento de opacar las virtudes patrióticas del pueblo cubano si ciertos datos se aislan de un contexto total. En una inquietante, militarizante, sajonizante y españolizante investigación académica llevada a efecto por Allan J. Kuethe, se invierten las razones del fracaso, afirmando que desde 1808 el ejército español "was anything but an impressive combat force, it was essentially an American army. Creoles not Spaniards dominated the officer corps, and consequently Cubans controlled their own destiny" (Kuethe, XIV). La falacia de la afirmación reside en que un ejército armado no es, necesariamente, el pueblo, sino una porción de ese pueblo que tiene el poder, lo cual no quiere decir que el pueblo controle su destino: el destino está controlado por aquellos que tienen las armas, agentes del poder, como lo sabe cualquier tiranía. Esta perspectiva militarista no debe pasarse por alto, sin embargo, porque al crear la división interna se perpetúa la injusticia; lamentable realidad que tampoco puede ser ignorada. En diversos acontecimientos históricos y en la lírica de Heredia, Turla y Zenea, se hace palpable la existencia, efectivamente, de una turba fratricida, que unida a los intereses de los terratenientes y a la avaricia de las potencias mundiales, formaba parte de un contexto cuya complejidad no puede limitarse a la eficiencia de las reformas militares borbónicas, como está explícito en la afirmación de que los cubanos controlaban su destino.

Por consiguiente, es imprescindible tener una idea del "escenario" político en que se desarrolla la vida cubana durante la primera mitad del siglo XIX para comprender lo que hay detrás del hecho lírico que representa *El Laúd del Desterrado*. Los repetidos fracasos que tienen lugar durante las tres primeras décadas del siglo pasado, llevan a la desaparición de muchos grupos independentistas. Sin embargo, la huella ideológica no desaparece y el anhelo de libertad política va a ser la nota unificante. Al mismo tiempo que se va desarrollando el sistema de represión, se va formando la conciencia cubana a través de una burguesía culta a la que le acompaña una mayor prosperidad económica. Esto crea un choque entre el ideario y los intereses, que a veces funcionan al unísono en beneficio de las ideas de libertad, pero que en otras ocasiones crean una profunda división entre la una y la otra, dificultando el alcance de los objetivos. Pensadores como Félix Valera, educadores como José de la Luz y Caballero y aristócratas cultos como Domingo del Monte, van formando la conciencia cubana de una intelectualidad en la cual se unifica la creación literaria con el patriotismo y el anhelo de libertad.

La mayoría de los criollos blancos estaba a favor de la libertad, pero la abolición de la esclavitud los dividía. La pugna entre libertad e intereses se acrecienta ante el temor de una revolución que pudiera llevar a los negros al poder, dándole al ideario revolucionario, lamentablemente, una tónica racista, que motiva a los hacendados esclavistas a hacer alianzas con los esclavistas sureños de los Estados Unidos. Este conflicto es factor determinante en las divisiones subsiguientes entre los cubanos y uno de los factores que entran en juego en el fracaso de los movimientos independentistas. Luchas, rencillas y rencores dividirán a los cubanos, configurándose así, desde el siglo XIX, una tradición cainística y fratricida de carácter muy negativo. Por el contrario, la tiranía adopta una posición monolítica, y los Estados Unidos mantiene un juego de ambivalencias no menos monolíticas y racistas, ya que responde exclusivamente al interés nacional y no a los derechos humanos que se estaban violando en Cuba. Frente a las presiones de Inglaterra, destinadas a evitar que España cometiera violaciones respecto a la liberación de los esclavos importados a Cuba después de 1820 e impedir la continuación de la trata, los norteamericanos se ponen del lado de España en detrimento de la libertad de Cuba en general y, específicamente, en contra de los derechos inalienables del hombre de la raza negra.

La presencia en La Habana, en 1841, de David Turnbull, cónsul de la Gran Bretaña, crea una verdadera conmoción entre las autoridades españolas y los terratenientes criollos que favorecían la trata. Hacia fines de 1838 y principios de 1839, Turnbull estuvo en Cuba, reuniendo información sobre la situación cubana, y al año siguiente ya tiene terminado

su libro *Travels in the West*, cuyo principal objetivo es hacer público su propósito de dar por terminada la trata de esclavos en Cuba. El gobierno británico estaba interesado en mantener el dominio español en Cuba, aunque por otra parte exigía el cumplimiento de las leyes abolicionistas. Como era de esperarse, la personalidad de Turnbull y su posición agresiva va a llevar a un turbulento enfrentamiento en que se entremezclan pasiones, idealismos e intereses de los españoles, los ingleses y los cubanos. "That Turnbull was bold, courageous, daring, eager, and committed to the crusade against slavery even critics might concede. Yet precipitate idealism often makes familiar script for tragedies. The self-righteous rarely concern themselves with consequences. Turnbull, with his unauthorized descent on Cuba, had placed not only himself in jeopardy but his objectives and British policy to maintain Spanish rule in Cuba as well" (Paquette, 155). Cuando finalmente Turnbull es reemplazado en el consulado y tiene que irse de Cuba, su persistente posición anti-esclavista se deja sentir una vez más. Al tener noticia de que cientos de ex-esclavos de las islas Bahamas han sido llevados a Cuba para sumirlos en su antigua condición, Turnbull se dispone a rescatarlos y, en una embarcación fletada por él mismo, desembarca en Gibara, donde es hecho prisionero, llevado a La Habana y expulsado de Cuba, ahora de forma definitiva, en un barco inglés.

Las consecuencias de todo esto son realmente espantosas. A pesar de las buenas intenciones de Turnbull, la verdadera tragedia tiene lugar entre los esclavos, que al levantarse en armas en ingenios y cafetales, perecen víctimas de sangrientos combates, brutales represiones de la autoridad colonial y suicidios. Este proceso va a culminar en 1843, en una conspiración de mayor monta, la "Conspiración de la Escalera", donde no sólo los esclavos, sino negros y mulatos libres, así como criollos blancos, fueron acusados, torturados, encarcelados y condenados a muerte, hasta culminar trágicamente con la ejecución del poeta mulato, Gabriel de la Concepción Valdés, Plácido, el 28 de junio de 1844. Aunque Plácido, por su condición racial, es el objeto de sacrificio, la Conspiración de la Escalera pone en evidencia, nuevamente, para la mayor parte de los cubanos, que con España no hay solución posible.

La idea de adquirir la isla de Cuba mediante un proceso de compra-venta es un hecho importante que debe tomarse en cuenta como contraste con la agonía interna que sufren y manifiestan los poetas de *El Laúd del Desterrado*. Mientras a nivel personal cada uno de estos poetas es un agonista del destierro, las potencias extranjeras hacen de Cuba un objeto de deseo que funciona como cuerpo muerto. "Ya bajo la administración de Polk el plan de obtener la soberanía de Cuba por compra se manifestó con reiteración", nos dice Emeterio Santovenia en *El presi-*

dente Polk y Cuba. "A la par que se desarrollaba la guerra contra México, en la Unión ganaba terreno el citado proyecto. En círculos políticos, en el Congreso y en la prensa periódica se estudiaba la posibilidad de negociar la adquisición de la Isla" (Santovenia, 24). Este proceso está relacionado con el temor de que Cuba cayese en poder de la Gran Bretaña (que también había manifestado interés en la compra-venta), México o Colombia, y permanece asociado a objetivos partidistas internos. Ante el explícito deseo del presidente Polk de adquirir la isla de Cuba, "James Buchanan, Secretario de Estado, era en un principio partidario del negocio planteado, pero apuntó serias objeciones para su realización en el momento histórico del debate. Llevado adelante el plan, ¿no resultaría perjudicial para el partido democrático en las elecciones presidenciales del año que corría?" (Santovenia, 28). Es decir, el destino de Cuba, desde el siglo pasado, queda asociado al partidismo electoral norteamericano, de un lado, y a la política internacional del otro.

La emigración, por otra parte, intenta jugar un papel en un tablero donde en definitiva no cuenta para nada. José Aniceto Iznaga, Gaspar Betancourt y Alonso Betancourt, logran entrevistarse con Polk, comunicándole la inminencia de una insurrección en Cuba que, sin participación militar norteamericana, pediría posteriormente la anexión a los Estados Unidos. Polk los recibe a regañadientes, manteniendo una actitud distanciada de supremacía sajona, escuchándolos cortésmente pero, en definitiva, como si los cubanos le estuvieran hablando a una pared. En realidad a Polk no le interesaba la causa cubana ni el destino de los cubanos, sino una simple negociación territorial que reflejaba el expansionismo mercantil norteamericano y no el ideario democrático. Estas pugnas y manipulaciones de la política norteamericana van a determinar el destino de Cuba, sometida por el presidente Polk a un principio de compra-venta donde la libertad cubana queda tasada, en 1848, en cien millones de dólares, como una negociación entre los Estados Unidos y España, pero sin que el sentimiento cubano cuente en lo más mínimo. Ni la venta ni la compra llega a verificarse y Cuba permanece bajo la tiranía española, considerada, en última instancia, inofensiva a los intereses norteamericanos.

No sería difícil reconstruir juegos de intereses similares en el siglo XX como hechos determinantes del destino nacional, y en particular la posición de los Estados Unidos con respecto a Cuba, que a la larga produce un choque cultural caracterizado por un movimiento de atracción y de rechazo. En los Estados Unidos van a encontrar los patriotas y escritores cubanos del siglo XIX un santuario contra la tiranía; pero al mismo tiempo, los Estados Unidos manipulará el destino nacional y jugará un papel determinante que será uno de los mayores obstáculos para lograr el objetivo de liberación nacional. Esta dualidad se extiende hasta nuestros días, y no sólo la tiranía colonial, sino la complicidad norteamericana y las divisiones internas de los cubanos, van a configurar el carácter de desesperación y fracaso que hay en la lírica del desterrado, incapaz en última instancia (y como corresponde a la lírica) de una posición objetiva frente a las impurezas de la realidad.

Dada la diversidad de criterios, intereses y complejidad de la situación, es en este momento cuando el ideario anexionista adquiere su mayor vigencia. "El anexionismo adquirió importancia con el desarrollo del expansionismo norteamericano y fue utilizado por los dueños de esclavos como medio para asegurar la propiedad de los mismos y por los separatistas como paso previo para obtener la independencia. En el anexionismo aparecen conectados por primera vez en la historia de Cuba el sector urbano, el rural y los emigrados en los Estados Unidos, y quizás por este motivo y por el hecho que colaboraron en el movimiento factores tan disímiles como cubanos y españoles esclavistas, cubanos partidarios de la independencia y hasta anexionistas sinceros, sea en extremo difícil determinar sus características, aunque sin embargo, presenta dos tendencias principales, la esclavista y la independentista" (Masó, 165). Márques Sterling prefiere dividir el movimiento en tres grupos: el de La Habana, el de Camagüey y el de Trinidad, dirigidos, respectivamente, por José Luis Alfonso, Gaspar Betancourt Cisneros (El Lugareño) y Narciso López. El primero, defensor de la esclavitud, está representado por el Club de La Habana. Integrado por una "aristocracia revolucionaria", "los señorones de la anexión", con mayor solvencia económica y dependencia de los Estados Unidos, temía una guerra larga y sangrienta. El segundo grupo, el de los camagüeyanos, estaba formado por "ricos propietarios con ideales individualistas, abolicionistas graduales" que soñaban "con libertades y progresos; y el tercero, acaso el más difícil de definir, fluctuaba entre la anexión y la independencia, prefiriendo realmente esta última" (Márques Sterling, 107). La posición intermedia de Gaspar Betancourt Cisneros, pragmático, amante del progreso, la ciencia y la acción directa, y que consideraba que la anexión podría ser un primer paso para una ulterior independencia, lo lleva a constituir en Nueva York el Consejo Cubano y a fundar el periódico *La Verdad* en defensa de la anexión.

La publicación de este periódico, que guarda nexos estrechos con los poetas de *El Laúd del Desterrado*, tuvo repercusiones dignas de mencionarse. En 1848, "el Capitán General de la Isla prohibió la entrada y circulación de dicho papel en el país. Supo que existían en La Habana quienes colectaban fondos para sostener *La Verdad* y repartían ejemplares de sus tiradas entre la gente inclinada a lecturas subversivas.

Averiguó que William Henry Busch, camarero de la fragata norteamericana *Childe Harold*, conducía clandestinamente los números de *La Verdad* y la correspondencia de los revolucionarios de la Isla y de los residentes en el exterior. Busch fue espiado, sorprendido en la comisión de la infracción que se le imputaba, acusado del delito de alta traición, detenido e incomunicado" (Santovenia, 88-89), aunque liberado posteriormente. Con *La Verdad*, periódico publicado en los Estados Unidos, se inicia una trayectoria subversiva de la escritura que va a caracterizar al movimiento de liberación que se desarrolla fuera del territorio insular.

Dentro de todo este movimiento subversivo, es Narciso López la figura que adquiere nivel protagónico durante todo este período histórico y al cual los poetas reunidos en este libro le van a rendir reiterado tributo. Nacido en Venezuela, donde peleó al lado de los españoles y contra sus compatriotas, después de la independencia de su país natal se tralada a España y viene a Cuba en 1824, casándose con una cubana. Participa en las guerras carlistas, obtiene grados y posiciones, y regresa a Cuba en 1841, donde es gobernador de Trinidad y presidente de la Comisión Militar Ejecutiva Permanente. Estos antecedentes lo vuelven una figura enigmática y contradictoria, ya que posteriormente empezará a conspirar contra España y a luchar por la libertad de Cuba, por la que dará, finalmente, su propia vida. Con tales fines organiza la Conspiración de la Mina de la Rosa, proponiéndose proclamar la independencia en junio de 1848. El Club de La Habana le pide que aplace el levantamiento y que coordine el movimiento independentista con el que ellos también preparan. Cuando decide iniciar la revolución, el proyecto ya estaba en pleno conocimiento de las autoridades, y se ve precisado a huir. Con gesto audaz atraviesa la isla a caballo, hasta llegar a Matanzas, donde escapa en un bergantín nortamericano.

Ante las inútiles gestiones del Club de La Habana y la Junta Cubana de intentar que Jefferson Davis y Robert E. Lee se pusieran al frente de una invasión, a la emigración no le queda otra opción que apoyar a López en sus nuevos intentos revolucionarios, aunque éste nunca llegó a contar con la confianza de esta organización. López pone de manifiesto una posición cada vez más alejada del anexionismo y cercana a la independencia. "Reunidos en una casa de huéspedes en la calle de Warren, en Nueva York, donde vivía Miguel Teurbe Tolón, Narciso López y sus amigos (José Aniceto Iznaga, su sobrino José Sánchez Iznaga, Cirilo Villaverde, Juan Manuel Macías, y otros), discutieron la confección de la bandera que debía enarbolarse como símbolo del país por el cual deseaban luchar y ofrendar la vida" (Márques Sterling, 112). Se confecciona así, en Nueva York, por un grupo de patriotas desterrados, la que es hoy la insignia nacional. El poeta Teurbe Tolón diseña el escudo y su esposa, Emilia, borda la bandera. Se muestra de este modo el vínculo entre el destierro y la libertad de Cuba dentro del escenario norteamericano, aunque éste, con más frecuencia de la cuenta, ha funcionado siempre contra tales objetivos. En este período, la presidencia del general Zacarías Taylor es adversa a la causa cubana, ya que se prohibe todo intento de violación de tratados que pudiera afectar el dominio de España sobre Cuba, y el Departamento de Estado, finalmente, confisca los barcos que tenía preparados López en Nueva Orléans a fines de llevar a efecto la invasión.

La actitud norteamericana y la posición monolítica de la tiranía son conducentes al fracaso del destierro, llegando a resquebrajar la unidad cubana en una lucha de por sí extremadamente difícil. El resultado es, en síntesis, que López se prepara por su cuenta y el 19 de mayo de 1850 desembarca en Cárdenas, donde ondea por primera vez la bandera cubana. No recibe, sin embargo, el apoyo del pueblo, y el "Creole", la embarcación de López, perseguido por el "Pizarro", logra escapar hasta llegar a Cayo Hueso. En Gainsville tiene lugar un apoteósico recibimiento. Aunque puede ser que en sus inicios López se moviera hacia una posición anexionista, lo cierto es que en el proceso se vuelve defensor radical de la total independencia cubana. Esto acrecienta la discrepancia con los hacendados criollos defensores de la esclavitud, los del Club de La Habana, que en definitiva considerarían a López como un intruso y un advenedizo, con credenciales no del todo recomendables. Pero sea lo que fuera, era un hombre de acción, no de palabras, con un objetivo definido: la libertad de Cuba. A pesar de la oposición del nuevo presidente norteamericano, Fillmore, condenando nuevamente y de forma sistemática actividades revolucionarias cubanas, López organiza otra nueva expedición.

Mientras tanto, en Cuba se conspiraba. En Puerto Príncipe, la Sociedad Libertadora activa un levantamiento, organizado por Joaquín de Agüero, que se levanta en armas el 4 de julio de 1851, secundado después por jóvenes cubanos en Trinidad. Tanto los camagüeyanos como los trinitarios dan su vida por la libertad de Cuba, seguidos muy de cerca por el propio López, que en su última expedición llega a las playas cubanas el 11 de agosto de 1851, proclamando, en los documentos que lo acompañaban, la absoluta independencia de la República de Cuba, sin credo anexionista. No logra consolidar su propósito, ya que, tras una lucha heroica, es hecho prisionero, llevado a La Habana el 31 de agosto y fusilado el 1 de septiembre de 1851.

El resto de la historia, hasta la fecha que nos concierne, funciona como anti-clímax, aunque no faltan esfuerzos independentistas y gestos heroicos. En 1852 es perseguido, capturado y ejecutado el joven Eduardo Facciolo, que editaba el periódico "La Voz del Pueblo Cubano". Se descubre la Conspiración de Vuelta Abajo, en la que aparecen complicados otros cubanos ilustres, entre ellos Anacleto Bermúdez, que opta por el suicidio y da lugar a una demostración masiva que las autoridades no se atreven a contener. Todos estos fracasos, sin embargo, acaban por definir nuestra nacionalidad, y para la fecha de publicación de *El Laúd del Desterrado* lo más representativo de la conciencia cubana aparece erradicado del ideario anexionista.

Este ideario tiende a darle un cariz negativo a este grupo de escritores que son víctimas de la opresión y del destierro. En medio de todos estos fracasos se va formando la conciencia cubana y el anexionismo se vuelve, en muchos casos, una posibilidad del desesperado. "La anexión a los Estados Unidos no fue nunca un ideal cubano sino un puente de paso entre la realidad y la ilusión. A un pueblo maniatado no es lícito pedirle previsión y cordura en los instantes mismos que se retuerce agonizante bajo la férula de verdugos despiadados. Penetrad en el espíritu de los precursores del 50, y veréis que en el fondo de sus conciencias se agita siempre, como en el fuego la llama, el ideal de la independencia" (Carbonell, 11). No hay más que ir a sus textos para darnos cuenta que este ideal de libertad absoluta se hace palpable verso tras verso, del combate a la desesperación, manifestando en sus penalidades las verdaderas señas de identidad. La complejidad de la situación, del "escenario" histórico, no puede desconocerse y simplificarse.

Bajo estas circunstancias desoladoras hacen su obra los poetas de *El Laúd del Desterrado*. Estos poetas aparecen insertos dentro de una maquinaria y fenomenología histórica monstruosa y traumatizante. Su vida y su lírica están en el vórtice del huracán, víctimas ambas de alguna siniestra estratagema. No hay en sus textos ninguna evidencia de otro ideario que no sea el de la libertad de Cuba, que es el motivo que inspira su poesía patriótica. Las flaquezas de la creación surgen, en primer término, de este desmedido amor por Cuba y de las difíciles e inciertas circunstancias en que escriben, a las que hay que unir, naturalmente, las limitaciones líricas que pudiera tener cada uno de ellos. Pero más allá de toda retórica falsa y circunstancial, sobresale en estos poetas una autenticidad de sentimientos sin la cual no puede existir la lírica y que los hacen merecedores, desde el punto de vista histórico-literario y por su significado actual, de la reconstrucción de un pasado que está tan cerca. *El Laúd del Desterrado* es, en esencia, un documento de nuestro tiempo.

EL LAUD

DEL

DESTERRADO

———•———

NUEVA YORK.

————

IMPRENTA DE "LA REVOLUCION."

——

1858.

———

☞ Véndese en las principales librarías de Nueva York.

El Laúd del Desterrado

El título de esta obra explica perfectamente su objeto. Hemos querido ofrecer en cortas páginas una demostración del trabajo, del talento por la causa de nuestra revolución, y pensamos al mismo tiempo tributar un señalado servicio al pueblo cubano haciendo resonar de nuevo por medio de la prensa la melancólica voz de sus poetas desterrados.

Los tiranos y los viles se mofarán de nuestro entusiasmo, pero nosotros de pie junto a la cruz del progreso volvemos los ojos al Sud y tenemos fe en el porvenir. No faltarán lectores juiciosos para estas páginas y abrigamos esperanzas de que haya más de una lágrima santa para bañar unas flores que nacieron bajo el sol extranjero en los días siempre tristes de una de las más penosas emigraciones que cuenta la historia política de nuestra época.

Esta obra puede revivir de algún modo un sentimiento que no debe acabarse jamás: su fin principal es recordar al pueblo grandes ideas de libertad en el lenguaje más propio para que se conserven en la memoria, y parécenos que cumplimos así nuestro propósito, por cuanto fue siempre grato para todos los corazones el suspiro de los poetas mártires.

En esta colección no presentamos ningún nombre que no sea ventajosamente conocido en la república de las letras cubanas; por el contrario, cada uno de ellos recuerda una alta inteligencia, un caudal de ilustraciones poco común, un hijo ilustre de la revolución, una gloria de la patria. Algunos de los autores que aquí aparecen descansan ya en su sepulcro de las persecuciones al despotismo; otros continúan en su peregrinación heroica bajo cielos extranjeros. Un cadáver nada más tiene de su parte el Gobierno español en Cuba: el de Miguel T. Tolón, pero ¡qué triunfo! Apenas pisó las playas nativas donde sólo le había llevado el deseo de abrazar a su madre anciana y el doble sentimiento de besar una tierra por cuya independencia se había sacrificado, apenas las musas patrióticas salieron a su encuentro y le oyeron decir que volvía a morir a Norte América, cuando cubrieron de eterna palidez aquella frente donde ardía la llama del genio. El resto de los poetas populares ha permanecido fiel a los principios porque han subido al cadalso tanto hombres virtuosos, y Dios sabe que el pueblo reconoce su mérito y los ha distinguido con su cariño protector.

José María Heredia, profeta de nuestra revolución y Homero de nuestra poesía; Leopoldo Turla, personificación gloriosa de la paciencia, del heroísmo y de todo lo que hay de bello en la historia del entusiasmo cívico; Pedro Angel Castellón, alma de otros siglos, corazón de artista, hombre único en su especie; Miguel T. Tolón, espíritu superior que fue el primero en llorar los infortunios del pueblo; José Agustín Quintero, talento en flor que empezó a desarrollarse en las prisiones; Pedro Santacilia, adorador perseverante de la república, enérgico enemigo de los déspotas, que prosigue pulsando su lira de oro en la noche del silencio; Juan Clemente Zenea, joven ardiente, que casi niño combatía la pena de muerte y buscaba como Aimé Martín en la influencia de las mujeres el apoyo más firme de las santas creencias que darán por resultado el triunfo de la libertad; he aquí la pléyade ilustre que hemos escogido para despertar el pensamiento adorado de la democracia. El gobierno español no quiere reconocer que la revolución ha surgido del seno de las clases más ilustradas de la isla, pero no importa que cierre los ojos a la luz; nuestros lectores están convencidos que no puede menos que ser muy noble una causa que cuenta entre sus adeptos, a más de los más célebres poetas del país, publicistas como Saco y El Lugareño, oradores como Lorenzo Allo, filósofos como Varela.

Sabemos que la mayor parte de estas composiciones no están corregidas: son canciones espontáneas, quejidos e impresiones de los mártires, versos trazados con ligereza para los periódicos y en época en que sus autores experimentaban todos los rigores de la ausencia, todas las agonías de la miseria, toda la crueldad de un gobierno que por incomprensible anomalía mantiene aún en América su infame bandera. Sin embargo, estamos seguros de que serán bien acogidas en la patria de Aguero, Hernández, Facciolo y Francisco Estrampes. Con esta esperanza lanzamos pues a las brisas del trópico las armonías de EL LAUD DEL DESTERRADO.

El Editor*

New York, 1857

*J. E. Hernández fue el editor y registró el libro según lo documenta el texto original:

J. María Heredia

Himno del desterrado

Reina el sol, y las olas serenas
corta en torno la prora[1] triunfante,
y hondo rastro de espuma brillante
va dejando la nave en el mar.
[2]¡Tierra! claman; ansiosos miramos
al confín del sereno horizonte,
y a lo lejos descúbrese un monte…
Le conozco… ¡Ojos tristes, llorad!

Es el *Pan*…[3] En su falda respiran
el amigo más fino y constante,
mis amigas preciosas, mi amante…
¡Qué tesoros de amor tengo allí!
Y más lejos, mis dulces hermanas,
y mi madre, mi madre adorada,
de silencio y dolores cercada
se consume gimiendo por mí.

Cuba, Cuba, que vida me diste,
dulce tierra de luz y hermosura,
¡cuánto sueño de gloria y ventura
tengo unido a tu suelo feliz!

[1]La formación clásica de Heredia puede observarse en el uso del término "prora", tomado del latín, en lugar de "proa".

[2]En la edición original faltaban signos de puntuación española, los cuales añadí, en éste como en otros casos, además de actualizar el deletreo y la acentuación.

[3]Se refiere al Pan de Matanzas, montaña junto a la ciudad donde vivió Heredia con su familia. Matanzas tenía una tradición cultural por la cual era cococida como la Atenas de Cuba.

¡Y te vuelvo a mirar…! ¡Cuán severo,
hoy me oprime el rigor de mi suerte!
La opresión me amenaza con muerte
en los campos do al mundo nací.

Mas, ¿qué importa que truene el tirano?
Pobre sí, pero libre me encuentro,
sólo el alma del alma es el centro:
¿qué es el oro sin gloria ni paz?
Aunque errante y proscripto me miro
y me oprime el destino severo,
por el cetro del déspota ibero
no quisiera mi suerte trocar.

Pues perdí la ilusión de la dicha,
dame ¡oh gloria! tu aliento divino,
¿Osaré maldecir mi destino,
cuando puedo vencer o morir?
Aún habrá corazones en Cuba
que me envidien de mártir la suerte,
y prefieran espléndida muerte
a su amargo azaroso vivir.

De un tumulto de males cercado
el patriota inmutable y seguro,
o medita en el tiempo futuro,
o contempla en el tiempo que fue.
Cual los Andes de luz inundados
a las nubes superan serenos,
escuchando a los rayos y truenos
retumbar hondamente a su pie.

¡Dulce Cuba!, en tu seno se miran
en el grado más alto y profundo,
las bellezas del físico mundo,
los horrores del mundo moral.
Te hizo el cielo la flor de la tierra,
mas tu fuerza y destinos ignoras,
y de España en el déspota adoras
al demonio sangriento del mal.

¿Ya qué importa que al cielo te tiendas
de verdura perenne vestida,
y la frente de palmas ceñida
a los besos ofrezcas del mar,
  si el clamor del tirano insolente,
del esclavo el gemir lastimoso,
y el crujir del azote horroroso
se oye sólo en tus campos sonar?

  Bajo el peso del vicio insolente
la virtud desfallece oprimida,
y a los crímenes y oro vendida
de las leyes la fuerza se ve.
  Y mil necios, que grandes se juzgan
con honores al peso comprados
al tirano idolatran, postrados
de su trono sacrílego al pie.

  Al poder el aliento se oponga,
y a la muerte contraste la muerte:
la constancia encadena la suerte,
siempre vence quien sabe morir.
  Enlacemos un nombre glorioso
de los siglos al rápido vuelo:
elevemos los ojos al cielo,
y a los años que están por venir.

  Vale más a la espada enemiga
presentar el impávido pecho,
que yacer de dolor en el lecho
y mil muertes muriendo sufrir.
  Que la gloria en las lides anima
el ardor del patriota constante,
y circunda con halo brillante
de su muerte el momento feliz.

  ¿A la sangre teméis…? En las lides
vale más derramarla a raudales,
que arrastrarla en sus torpes canales
entre vicios, angustias y horror.
  ¿Qué tenéis? ¡Ni aun sepulcro seguro
en el suelo infelice cubano!

¿Nuestra sangre no sirve al tirano
para abono del suelo español?

Si es verdad que los pueblos no pueden
existir sino en dura cadena,
y que el cielo feroz los condena
a ignominia y eterna opresión:
de verdad tan funesta mi pecho
el horror melancólico abjura,
por seguir la sublime locura
de Washington y Bruto y Catón[4]

¡Cuba! al fin te verás libre y pura
como el aire de luz que respiras,
cual las ondas hirvientes que miras
de tus playas la arena besar.
Aunque viles traidores le sirvan
del tirano es inútil la saña,
que no en vano entre Cuba y España
tiende inmenso sus olas el mar.

(Septiembre de 1825)

---

[4]El poeta se identifica con tres figuras disímiles: Washington, que luchó por la independencia nortamericana; Bruto, defensor de la República, que participó en el asesinato de Julio César; Catón, que se suicidó después de la derrota de Farsalia. La trayectoria libertador-conspirador-suicida, muestra el proceso de desencanto gradual que sufre Heredia.

La estrella de Cuba

¡Libertad! ¡Ya jamás sobre Cuba
lucirán tus fulgores divinos!
Ni aun siquiera nos queda ¡mezquinos!
de la empresa sublime el honor.
¡Oh piedad insensata y funesta!
¡Ay de aquel que es humano y conspira!
Largo fruto de sangre y de ira
cogerá de su mísero error.

Al sonar nuestra voz elocuente
todo el pueblo en furor se abrasaba,
y la estrella de Cuba se alzaba
más ardiente y serena que el sol.
De traidores y viles tiranos
respetamos clementes la vida,
cuando un poco de sangre vertida
libertad nos brindaba y honor.

Hoy el pueblo de vértigo herido
nos entrega al tirano insolente,
y cobarde y estólidamente
no ha querido la espada sacar.
¡Todo yace disuelto, perdido...!
Pues de Cuba y de mí desespero,
contra el hado terrible, severo,
noble tumba mi asilo será.

Nos combate feroz tiranía
con aleve traición conjurada,
y la estrella de Cuba eclipsada
para un siglo de horror queda ya.
Que si un pueblo su dura cadena
no se atreve a romper con sus manos,
bien le es fácil mudar de tiranos,
pero nunca ser libre podrá.

Los cobardes ocultan su frente,
la vil plebe al tirano se inclina,

y el soberbio amenaza, fulmina,
y se goza en victoria fatal.
¡Libertad! A tus hijos tu aliento
en injusta prisión más inspira;
colgaré de tus rejas mi lira,
y la gloria templarla sabrá.

Si el cadalso me aguarda, en su altura
mostrará mi sangrienta cabeza
monumento de hispana fiereza,
al secarse a los rayos del sol.
El suplicio al patriota no infama;
y desde él mi postrero gemido
lanzará del tirano al oído
fiero voto de eterno rencor.

(Octubre de 1823)

A Emilia[5]

Desde el suelo fatal de su destierro
tu triste amigo, Emilia deliciosa,
te dirige su voz; su voz que un día
en los campos de Cuba florecientes
virtud, amor y plácida esperanza
cantó felice, de tu bello labio
mereciendo sonrisa aprobadora,
que satisfizo su ambición. Ahora
sólo gemir podrá la triste ausencia
de todo lo que amó, y enfurecido
tronar contra los viles y tiranos
que ajan de nuestra patria desolada
el seno virginal. Su torvo ceño
mostróme el despotismo vengativo,
y en torno de mi frente acumulada
rugió la tempestad. Bajo tu techo
la venganza burlé de los tiranos.
Entonces tu amistad celeste, pura,
mitigaba el horror a los insomnios
de tu amigo proscripto y sus dolores.
Me era dulce admirar tus formas bellas
y atender a tu acento regalado,
cual lo es al miserable encarcelado
el aspecto del cielo y las estrellas.
Horas indefinibles, inmortales,
de angustia tuya y de peligro mío,
¡cómo volaron! Extranjera nave
arrebatóme por el mar sañudo,
cuyas oscuras turbulentas olas
me apartan ya de playas españolas.
Heme libre por fin: heme distante
de tiranos y siervos. Mas, Emilia,
¡qué mudanza cruel! Enfurecido
brama el viento invernal: sobre sus alas

---

[5]Del 6 al 14 de noviembre de 1823, Heredia estuvo escondido, antes de huir para los Estados Unidos, en la residencia de José Arango y Castillo. La Emilia del poema es Josefa, la hija de Arango.

vuela y devora el suelo desecado
el yelo punzador. Espesa niebla
vela el brillo del sol, y cierra el cielo,
que en dudoso horizonte se confunde
con el oscuro mar. Desnudos sufren
por do quiera los árboles la saña
del viento azotador. Ningún ser vivo
se ve en los campos. Soledad inmensa
reina y desolación, y el mundo yerto
sufre de invierno cruel la tiranía.

¿Y es esta la mansión que trocar debo
por los campos de luz, el cielo puro,
la verdura inmortal y eternas flores
y las brisas balsámicas del clima
en que el primero sol brilló a mis ojos
entre dulzura y paz...? —Estremecido
me detengo, y agólpanse a mis ojos
lágrimas de furor... ¿Qué importa? Emilia,
mi cuerpo sufre, pero mi alma fiera
con noble orgullo y menosprecio aplaude
su libertad. Mis ojos doloridos
no verán ya mecerse de la palma
la copa gallardísima, dorada
por los rayos del sol en occidente;
ni a la sombra del plátano sonante
el ardor burlaré del medio día,
inundando mi faz en la frescura
que espira el blando zéfiro. Mi oído,
en lugar de tu acento regalado,
o del eco apacible y cariñoso
de mi madre, mi hermana y mis amigas,
tan solo escucha de extranjero idioma
los bárbaros sonidos; pero al menos
no lo fatiga del tirano infame
el clamor insolente, ni el gemido
del esclavo infeliz, ni del azote
el crujir execrable, que emponzoñan
la atmósfera de Cuba. Patria mía,
¡idolatrada patria!, tu hermosura
goce el mortal en cuyas torpes venas
gire con lentitud la yerta sangre,

sin alterarse al grito lastimoso
de la opresión. En medio de tus campos
de luz vestidos y genial belleza,
sentí mi pecho férvido agitado
por el dolor, como el Océano brama
cuando lo azota el Norte. Por las noches,
cuando la luz de la callada luna
del limón el delicioso aroma,
llevado en alas de la tibia brisa,
a voluptuosa calma convidaban
mil pensamientos de furor y saña
entre mi pecho hirviendo, me nublaban
el congojado espíritu, y el sueño
en mi abrasada frente no tendía
sus alas vaporosas. De mi patria
bajo el hermoso desnublado cielo
no pude resolverme a ser esclavo,
ni consentir que todo en la natura
fuese noble y feliz, menos el hombre.
Miraba ansioso al cielo y a los campos
que en derredor callados se extendían,
y en mi lánguida frente se veían
la palidez mortal y la esperanza.

Al brillar mi razón, su amor primero
fue la sublime dignidad del hombre,
y al murmurar de Patria el dulce nombre,
me llenaba de horror el extranjero.
¡Pluguiese al cielo, desdichada Cuba,
que tu suelo tan sólo produjese
hierro y soldados! La codicia ibera
no tentáramos, ¡no!... Patria adorada,
de tus bosques el aura embalsamada
es al valor, a la virtud funesta.
¿Cómo viendo tu sol radioso, inmenso,
no se inflama en los pechos de tus hijos
generoso valor contra los viles
que te oprimen audaces y devoran?

¡Emilia! ¡Dulce Emilia! La esperanza
de inocencia, de paz y de ventura
acabó para mí. ¿Qué gozo resta

al que desde la nave fugitiva
en el triste horizonte de la tarde
hundirse vio los montes de su patria
por la postrera vez? A la mañana
alzóse el sol, y me mostró desiertos
el firmamento y el mar... ¡Oh! ¡Cuán odiosa
me pareció la mísera existencia!
Bramaba en torno la tormenta fiera,
y yo sentado en la agitada popa
del náufrago bajel, triste y sombrío,
los torvos ojos en el mar fijando,
meditaba de Cuba en el destino
y en sus tiranos viles, y gemía,
y de rubor y cólera temblaba,
mientras el viento en derredor rugía,
y mis sueltos cabellos agitaba.

¡Ay! También otros mártires... ¡Emilia,
doquier me sigue en ademán severo
del noble Hernández[6] la querida imagen!
¡Eterna paz a tu injuriada sombra,
mi amigo malogrado! Largo tiempo
el gran flujo y reflujo de los años
por Cuba pasará, sin que produzca
otra alma cual la tuya, noble y fiera.
Víctima de cobardes y tiranos,
¡descansa en paz! Si nuestra patria ciega,
su largo sueño sacudiendo, llega
a despertar a libertad y gloria,
honrará, como debe, tu memoria.

¡Presto será que refulgente aurora
de libertad sobre su puro cielo
mire Cuba lucir! Tu amigo, Emilia,
de hierro fiero y de venganza armado
a verte volverá y en voz sublime
entonará de triunfo el himno bello.
Mas si en las lides enemiga fuerza

---

[6]Se refiere al Dr. D. Juan José Hernández, a quien Heredia también le dedica una "Elegía" en memoria de su sacrificio por la libertad de Cuba, publicada en México en 1827.

me postra ensangrentado, por lo menos
no obtendrá mi cadáver tierra extraña,
y regado en mi féretro glorioso
por el llanto de vírgenes y fuertes
me adormiré. La universal ternura
excitaré dichoso, y enlazada
mi lira de dolores con mi espada,
coronarán mi noble sepultura.

(1824)

Miguel T. Tolón

Dedicatoria

Al bueno y perseverante patriota cubano,

José Elías Hernández
El Autor
New York, 1852

Al Pan de Matanzas

I

Soberbio Pan, cuya alterosa frente,
Venciendo de las nubes el altura,
Llega a mirar el sol antes que nazca
Y le sigue detrás del occidente!
Tú, gigante de piedra, a quien los tiempos
Uno tras otro en su carrera han visto;
Colosal atalaya y a cuyo ojo
Desde el seno del Norte al Mar Caribe
Alcanza sin obstáculo, a su antojo
Y a quien quiera que pasa da el ¡quién vive!
Oye mi voz, la voz ¡ay! dolorosa
De un hijo de esta tierra donde asientas
La planta poderosa;
Y aunque tan alta sobre el triste suelo
La frenta altiva y majestuosa, ostentas
De ceibas y de palmas coronada,
Que atreviéndose al cielo
Se envuelve entre las nubes y se esconde,
Cuando en revueltos giros lleve el viento
Hasta tu cima azul el son perdido
De mi trémulo acento,
Que débil vaga sin saber por dónde,
Recógele, y escúchame, y responde!
Eterno centinela que Dios puso
A velar estos campos noche y día
Cuando vio que su mano omnipotente
Surgir del Caos hacía
Este Edén de occidente,
Esta tierra de Luz y Poesía.

Dime si tantos siglos que pasaron
Desde que inmóvil en tu puesto moras,
Arcanos de verdad no te legaron
que avaro en tus entrañas atesoras.
Dime si no resuena todavía
En tus cóncavos senos, con espanto,
El eco que en los aires palpitaba
Del gemido postrer del que caía[7]
Al grito aterrador del que triunfaba!
¡Oh, cuánta, cuánta lástima presente
Está al recuerdo del horrendo día!
La sangre de las víctimas subía
Hasta teñir los bosques de tu frente.
Dime si en la honda calma de la noche,
Cuando un silencio sepulcral envuelve
Los anchos campos que en redor se extienden
De tu soberbia mole,
La brisa que susurra en las malezas
Y en las ásperas peñas de tu cima
No despierta cien voces olvidadas
Que en armoniosas notas de tristeza
Llevadas son a la merced del viento,
Y las Caribes ondas encrespadas
Leves rozando, allá en la playa remota
¿Mueren al fin con lastimoso acento?
Dime si tu mirada dominante
Que se extiende y alcanza
Por las tierras, los mares y los montes,
Y se pierden en lo inmenso de los cielos,
No divisa por esos horizontes
Un albor de esperanza,
Una luz que promete
El divino entusiasmo, la fe santa
Que ya perdió el poeta
Tras tanto duelo y desventura tanta?

II

Dicen que en alguna noche
nublada, medrosa y fría,

---

[7]En la edición original hay una nota que dice: "Alude a las matanzas de indios por los españoles en la conquista y colonización de Cuba."

cuando el Norte desatado
azota la cresta altiva
de la soberbia montaña,
y sordo y furioso silba
entre las ceibas y jobos[8]
que desgarra y aún derriba;
cuando la lluvia a torrentes
riega las vastas campiñas,
y el ronco ruido del trueno
pregona que el cielo vibra
dardos de abrasante fuego,
en su omnipotente ira,
se ve con asombro y miedo
del monte sobre la cima
una colosal figura
que crece, crece, y se empina
hasta tocar en las nubes
la altiva frente ceñida
de una corona de palmas
que el viento encorba y agita.
    Abre sus brazos, y pasan
del horizonte la línea:
revuelve en torno los ojos,
y cual relámpagos brillan,
habla, y como el sordo ruido
de lejana mar movida
por Boreas[9] desenfrenado,
su voz poderosa vibra.
    Mas luego la frente dobla,
cruza ambos brazos, se inclina
hacia la tierra, y un canto
de tristísima armonía,

---

[8]Parte de la poesía cubana se ha caracterizado por una gran abundancia de referencias a elementos de la naturaleza, particularmente árboles y frutas. En el caso de la poesía patriótica las referencias son limitadas y en el fondo responden a una ampliación del escenario político. En este poema Teurbe Tolón menciona dos árboles de particular significado, la palma, árbol nacional, y la ceiba, asociado con fuerzas misteriosas y telúricas. El jobo, mucho menos conocido, tiene cierto interés, ya que se caracteriza por su larga vida y si se corta una rama con semillas, estas dan sus frutos después de cortadas y mientras sigue vegetando.
[9]Viento del norte.

al son del trueno y del viento,
resuena en valle y colina
con melodiosos acentos
de lengua desconocida.

III

Las sombras han cubierto la tierra tristemente
Y Dios airado truena sobre la nube oscura:
Los hijos del gran Valle[10] con ademán doliente
En mí los ojos fijan, llorando su amargura.
¡Llorad! ¡Lloremos, tristes! Si Dios nos abandona
Si su ira poderosa desencadena el cielo,
¿Qué vale mi grandeza? ¿Qué vale esta corona
Que ensangrentada y rota el viento arroja al suelo?
Si raya luego el alba, si asoma el bello día,
Y tras la sombra triste la luz el valle dora,
¡Venid! ¡Venid entonces, y en bélica armonía
A Dios el grito alcemos con voz aterradora!
Más ¡ay! del viento escucho los hórridos bramidos:
¡Mis ceibas y mis palmas cayeron una a una![11]
¡Llorad, gentes del Valle! ¡Llorad, hijos perdidos!
Ni estrella ni esperanza nos queda ya ninguna.

IV

Yo quisiera escalar tu altiva cumbre,
¡Oh soberbia montaña! y en la roca
Cuya atrevida frente
Más a los cielos toca,
Pulsar el arpa, y que a su son doliente
Despertaran los ecos
Del mar, el valle, la sabana[12], el monte.
Resonando su acento largamente
De uno a otro horizonte,

[10]Se refiere al Valle de Yumurí, en la provincia de Matanzas.
[11]En la edición original aparece una nota que dice: "Alude a nuestras víctimas de la Libertad de Cuba".
[12]Llanura de gran extensión, sin vegetación arbórea aunque cubierta de hierba, que se extiende principalmente por las provincias de Camagüey y Matanzas.

Con ronco timbre, bélico y valiente.
"¡Venid, venid!" —diría:
"No más de blandos ocios al halago
Ni al falso arrullo del festín ruidoso
Insensatos corráis día tras día.
Sois hombres, y si noble y generoso
Tenéis un corazón americano
Y corre indiana sangre en vuestras venas,
¡Ved la Patria infeliz!...
          ¡Gime en cadenas
Esclava vil del opresor hispano!
    ¿Hasta cuándo, hasta cuándo en torpe sueño
Y cobarde inacción, no cual varones,
Sino cual hembras tímidas y humildes,
Sufriréis en silencio los baldones
Que al rostro os echa el español tirano
Blandiendo el hierro en la manchada mano?
    Pues qué, ¡decid! ¿Será nuestro destino
A las plantas del déspota insolente
La cerviz humillar envilecida,
Sus leyes acatar corbardemente,
Y rendir nuestro honor, rendir la vida?
    ¡Ah! ¿Ni aún Patria tenemos? ¿Y esta tierra
Rica de luz, de amor, de poesía,
Menguados corazones sólo encierra?
¿Corbardes sólo en sus entrañas cría?
    ¡Oh! ¿Que jamás se atreverá el cubano,
Por recobrar la libertad perdida,
A alzar la frente, y en la lid temida
"¡Libertad! Libertad!" clamar ufano,
Con lanza en ristre o con espada en mano?
    Despertad, ¡vive Dios!, que largos días
El ¡ay! tan solo del esclavo infame
Repitieron los ecos de esta tierra.
Nuestra cólera brame
¡Retumbe el bronce ya! ¡Truene la guerra!

En una excursión por el río San Juan

(Improvisada)

Ligero como una pluma
hiende nuestro guairo el río;
y el remo en su azul sombrío
levanta flores de espuma.

Del mangle el denso ramaje
penetra algún rayo de oro,
y aún brilla del tocororo
el roji-blanco plumaje.

Las floridas bejuqueras
inclinan sus trenzas blondas
al besar las mansas ondas
que lamen estas riberas.

Rápido el jagacatí
roza la espuma del río,
robando a su seno frío
el plateado manjuarí;

y en las espigas del millo
por las brisas balanceadas,
ostenta el mayo, en bandadas,
de su negra pluma el brillo.

Lejos está la ciudad;
aquí todo es paz y calma,
y qué bien que sabe al alma
¡esta *libre* soledad!

Tal vez por aquí algún día
indianos vates pasaron,
cuyos areitos sonaron
en esta ribera umbría.

De sangre quedó manchada
la estela de sus piraguas,
y estas mismas puras aguas
les dieron tumba ignorada.

No el dolor de tal memoria
ponga en el ánimo duelo
sino que inflame el anhelo,
sí, de vengarlos con gloria.

El alma libre respira:
el corazón libre siente,
¡Poetas! Mano a la lira
y cantemos juntamente.
Ecos que dormís callados
ha tres siglos, ¡despertad!
y en bosques, llanos, collados,
suene un grito —¡Libertad!

Matanzas, 1847

A.F.H.

En su álbum

Dime, por tu blanca frente
¿no pasa a veces doncella
una idea pura y bella
que inunda de luz tu mente?

¿Una idea que parece
el primer albor del día,
cuando tras noche sombría
rosado el cielo amanece?

Idea grandiosa y noble
que da a nuestro ser vigor,
como da sombra a una flor
la hojosa rama del roble.

Idea que arde en mi pecho
como en un templo arde un cirio,
y ansioso anhelar me ha hecho
por la palma del martirio.

¡Ah, sí! Sentirla tú debes
pasar por tu frente pura
bajo una bella figura
que a pintarnos no te atreves.

Sí, porque las tristes almas
nacidas bajo este cielo
a Dios levantan sus palmas
y Dios les da ese consuelo.

Guarda esa unción que te envía,
bendícela eternamente:
si fueres madre algún día
ella a tu infante alimente;

y aunque la odiosa maldad
arrancártela quisiera,
antes mueras tú que muera
tu Idea de Libertad!

Matanzas, 1846

En la muerte de Trinidad Roa

Sweet Thyrza! walking as in sleep
Thou art but now a lovely dream;
A star that trembled over the deep,
Then turned from Earth its tender beam.

Byron

Dios en un alegre día
nos dio esa virgen hermosa
que hoy dobla su frente fría
y va dormir en la fosa.
¡Ay! ¿Por qué, por qué, Dios mío,
nos arrebatas así
la que en este valle umbrío
nos daba una luz de ti?
Miradla, ¡qué bella está!
Parece un ángel del cielo
que alzando a la gloria el vuelo
nos dice ¡adiós! y se va.
¡Miradla! ¡Dulce sonrisa
vaga en sus labios de amor,
cual blando sople de brisa
meciendo una mustia flor!
¡Semí[13] de Cuba, tan bella
y abandonas este suelo!
¡Tan fúlgida, hermosa estrella,
y te vas de nuestro cielo!...
Mas, ¿por qué he de llorar? Parte, sí, parte
Huyendo de esta tierra sin ventura
Que cadenas no más puede brindarte
Entre el sordo clamor de su amargura.
¡Yo te envidio hermosísima doncella!
Libre respiras el divino ambiente
Del espacio infinito;
A par que en este valle eleva en tanto
Su esclava, triste y desolada gente

[13]Idolo indígena.

La ronca voz del doloroso grito
Con que derrama su dolor ardiente.
      Amante, ven; riega flores
y lágrimas en su losa.
Murió tu virgen hermosa,
y el ángel de tus amores.
      Mas no, no dobles la frente:
alza tus ojos al cielo
y mira… Ya posa el vuelo
A la derecha de Dios.
      Allí te espera, y un día
fuera del mundo doliente,
os juntaréis nuevamente
y para siempre los dos.

Matanzas, 1846

La noche oscura

¡Oh nube de oscuridad que me envuelves!
Sófocles.   —Edipo

Post tenebras Lux

Profundas son las sombras que envuelven en sus pliegues
El cielo de esta noche, medrosa, oscura y fría;
Mas yo miro al oriente velando nuestro sueño,
¡Dormid, dormid, hermanos, que aún no amanece el día!

Apenas en los bosques susurra el viento y gime,
Apenas el murmurio se escucha de la fuente,
Y en calma y en misterio se envuelven tierra y cielo
Y pasa entre las sombras el tiempo velozmente.
En vano mis miradas, ansiosas, penetrantes,
Se pierden en lo inmenso, buscando luz y guía:
No hay luz, todo es tiniebla; mas yo entretanto velo,
¡Dormid, dormid, hermanos, que aún no amanece el día!

La brisa de los mares con soplo fresco y blando
Agita mis cabellos, resuena entre mi lira;
Mas, ¡ah! ¿por qué parece que en son lánguido y triste
Penando por sus cuerdas no canta, mas suspira?
Por eso es triste el himno que entono en mi vigilia
Las sombras no me inspiran cantares de alegría;
Mis ojos no se cierran; mas ¿qué han de ver mis ojos?
¡Dormid, dormid, hermanos, que aún no amanece el día!

Que nazca el sol, que hiera con bellos rayos de oro
Las torres y los montes, la choza y el palacio:
Despierte de su sueño la creación dormida;
¡La luz…! ¡La luz inunde de cielo el ancho espacio!
Y entonces de mi lira, valiente y armoniosos,
Se escalarán tus himnos de gloria, oh patria mía,
Pero esta sombra horrible me espanta, me acobarda…
¡Dormid, dormid, hermanos, que aún no amanece el día!

Más no esperéis acaso que débil enmudezca
Mi labio mientras dure vuestro mortal letargo:
Mi voz es gemidora, se envuelve en las tinieblas,
Se envuelve en los suspiros de mi dolor amargo;
Pero ella en ronco timbre de sonoros himnos
Sabrá llamaros luego que el Alba nos sonría;
Y a par del bronce oiréis mi voz que os grita:
"¡Alzad, alzad, hermanos, que ya amanece el día!"

Matanzas, 1843

Cantar de las cubanas

Pidiónos entonces el extranjero que cantásemos; mas
no, jamás tendrá este placer. Antes se extinga mi voz;
séquese mi mano antes que pulsar, para que lo oigan
nuestros tiranos, una sola cuerda del arpa de Israel.

La Biblia

Coro

Destrenzad vuestros cabellos,
sedas y joyas dejad:
lloremos mientras no suene
¡el canto de Libertad!

I

Vestido está de tinieblas
nuestro patrio dulce Cielo:
vestido también de duelo
está nuestro corazón.

II

Entre la danza ruidosa,
fatídica sombra errante
de la Patria agonizante
veremos aparecer,
y más alto que los sones
de la fiesta, hondo gemido
vendrá a apagar el ruido
de las voces del placer.

III

No, no bañen nuestras frentes
del salón las luces vivas;

no vayamos cual cautivas
a la zambra del Sultán.
    Nuestros ojos no se encuentren
con los ojos del Tirano
no se hiera nuestra mano
con su garra al tropezar.

IV

    A un vil siervo nuestras almas
negar deben sus amores:
nuestros nobles amadores
hierro empuñen, ¡y a lidiar!
    No haya más en nuestro pecho
que la Patria y la Esperanza:
Sólo un grito —¡de Venganza!
Sólo un canto —¡Libertad!

New York, 1850

Siempre

> I suoi pensieri in lui dormir non ponno!
>
> Tasso

Vivir en extraño suelo
rico y libre, mas no mío,
y ver en un pardo cielo
un sol que parece frío;
    Muertas dichas recordar
en mi encierro solitario,
y verlas todas pasar
envueltas en un sudario:
    Levantar, buscando a Dios,
mis tristes ojos en tanto,
y llorando ambos a dos,
no verles, ciegos de llanto:
    Soñar que a la patria torno,
que aire de Cuba respiro,
y abrir los ojos... y en torno
volverlos con un suspiro:
    Creer que en mis brazos cierro
la madre amorosa y cara,
y ver que un brazo de hierro
me rechaza y nos separa:
    Ver mi pasado ya muerto,
mi porvenir enlutado,
y más allá, en un desierto,
un sepulcro abandonado...
    Eso, eso noche y día,
y momento tras momento
es pensar que como harpía
se posa en mi pensamiento
y devora el alma mía.

New York, 1849

A una cubana

¡Lloras esclava! ¡Tu mejilla pura
Lágrimas bañan!... ¡Tu virgínea frente
Pálida de dolor!... ¡Tu labio ardiente
Con suspiros no más de honda amargura!
Reina tú de mi amor, y ¡oh suerte dura!
Cautiva ser del Déspota insolente.
¿Y oprobio tal mi corazón consiente?
No, ¡veces mil! ¡Mi labio te lo jura!
Alza la frente noble y majestuosa:
Las lágrimas detén, calla el gemido,
Levanta al cielo la mirada hermosa;
Y al retumbar del trueno repetido
Del mortífero bronce en la sabana,
Canta el himno de guerra, ¡mi cubana!

En el segundo aniversario de "La Verdad"

Dos veces ya del extranjero cielo
Cumplió su curso el sol: dos largos años
La luz he visto tras el pardo velo
De los climas del Norte, y nuestra Cuba
Aún no levanta la cerviz ufana
Con voz de Libertad que al cielo suba,
Ni el sol del Sibonei[14] en la sabana
Las lanzas dora de legión cubana.
Gemido de dolor sólo resuena
Allá en los campos de la Patria triste
So la mano opresora de la España:
El eco del hogar, en tierra extraña,
Sólo de amargo padecer nos llena:
Dulces amigos, compatriotas caros,
Víctimas de opresión alevemente
Y de la Patria mártires-preclaros,
Juguetes son del Déspota insolente.
Ni aún la débil belleza es respetada,
Ni de ilustres matronas fama y honra,
Ni la esposa de Cristo en santo asilo,
Ni la vejez, ni la orfandad, ni nada,
Contra la torpe saña desprendida
Del Vándalo del siglo hallan defensa,
¡Que un ultraje mayor tras cada ofensa,
Comete contra Cuba esclavizada!
¿Qué esperamos de hoy más?…
¿Se aguarda acaso
Que no del bronce el estridor retumbe
En la Patria por fin, sino taladre
Nuestra abatida frente congojosa
El gemido postrer de cada madre,
De cada hermana o adorada esposa?
Mas no, ¡por Dios! que entre los rojos pliegues
Del sacro pabellón de Cuba libre,
Pronto será que a nuestra Patria llegues,

[14]Siboney o ciboney, indio cubano, de donde procede el término "cibone-yismo" utilizado por el movimiento de ese nombre en la lírica cubana.

"Verdad", fanal del pueblo,
Y entre falanges bélicas cubanas,
Triunfante al fin tu alzado acento vibre
En alcázares, montes y sabanas,
Por la muerte y baldón de las hispanas.

New York, 1850

Resolución

Yo sin patria ni hogar, en tierra extraña,
Errante marcharé por senda oscura:
Yo apuraré mi cáliz de amargura,
Brindis letal de la opresora España:
Yo del Destino la implacable saña
Sabré sufrir en la desgracia dura:
Yo me alimentaré con la hiel pura
Que en mi alma derrama cada entraña:
Yo sordo a tu solícito reclamo
Te oiré llamarme ingrato, ¡oh madre mía!
Yo, sin fin, lloraré cuanto más amo;
Mas ver yo el sol de Cuba un solo día
¡Y ver a Cuba esclava…! ¡No, por cierto!
¡Antes un rayo me derribe muerto!

A Annie Horton

For I am as a weed
Flung from the rock on ocean's foam, to sail
Wherer'er the surge may sweep, the tempest's breath prevail.

Byron

Virgen tierna, casta, pura
como cándida tojosa[15],
que echas tu mirada hermosa
sobre esta página oscura;
tú que amor, paz y ventura
tienes por dote en la vida;
tú que en los brazos dormida
de la bella ilusión vas,
oye un momento no más
mi débil voz dolorida.
En tus ojos virginales
tiemblan las miradas bellas,
como en nuestro cielo estrellas
de noches primaverales
y tus labios de corales,
del corazón fiel divisa,
muévense en vaga sonrisa
de angelico y santo amor,
cual pétalos de una flor
al beso de blanda brisa.
Nunca por tu blanca frente
pasa una nube sombría,
ni halla la tristeza impía
nido en tu pecho inocente.

[15]Ave cubana del orden de las palomas. Las tojosas se ven siempre en parejas y son símbolo de la unión y la confianza. Recorren los caminos sin temer a los transeúntes que pasan por su lado. En los bosques, sus arrullos se caracterizan por su tristeza, que son más lástimeros que los de la tórtola europea. En este sentido, completa el significado sonoro que hemos observado en la poesía de los escritores reunidos en este libro, cuyo lirismo se caracteriza por la intensidad de su lamento.

Nunca una lágrima ardiente
quemó tu mejilla pura,
ni la mano insana y dura
de la desesperación
hizo de tu corazón
una helada sepultura.
    Pero yo... ¡lástima ten
del infeliz desterrado!
Cenizas sólo han quedado
de mi vida y de mi bien.
    ¡Patria!... La lloro también,
y fuego corre en mis venas
al ver que alentando apenas
presa de viles tiranos,
nos tiende entrambas las manos
¡heridas por sus cadenas!
    ¡Oh, si de tu luz del cielo,
Annie, un reflejo me dieras
y mi alma herida ungieras
con el óleo del consuelo!...
    ¡Si corriendo un denso velo
sobre el pasado dolor,
signo de paz del Señor
dieras a la frente mía
como sobre mar sombría
da una estrella resplandor!...
    Pero no —que es mal concierto
tu luz con mi vida oscura;
tu alma de virgen pura
con mi corazón ya muerto.
    Cuando al fin de este desierto
se cave mi tumba fría,
echa tu mirada pía
sobre la piedra un momento....
conságrame un pensamiento,
¡y lleva memoria mía!

New York, enero 14, 1851

El pobre desterrado

My thoughts are in my native land:
My heart is in my native place.

Anónimo

I

Si vuestra dulce mirada
se posa en mi frente fría
como una flor arrojada
sobre una tumba sombría,
Veréis en ella pintado
el inmenso mar de pena
de que siempre el alma llena
tiene el pobre desterrado.

II

Allá lejos, tras los mares,
hay un suelo todo flores,
do la brisa en los palmares
suspira cantos de amores;
donde hay un cielo dorado,
donde es de plata la luna,
y allí se meció la cuna
de este pobre desterrado.

III

Allí mi todo se encierra,
familia, madre querida,
todo cuanto hay en la tierra
para hacer dulce la vida;
pero el brutal brazo armado
de la despótica España
oprime con fiera saña
la patria del desterrado.

IV

Y hoy viste luto su cielo,
y están sus estrellas frías,
y las hijas de su suelo
tienen las frentes sombrías.
¡Oh! maldiga Dios airado
la mano que mata a Cuba,
y envuelto en lágrimas suba,
el voto del desterrado.

V

Porque mi voz palpitante
hizo de la Patria oír
el gemido agonizante
gritando: ¡Libre o morir!
Por eso el déspota osado
quiso entregarme al verdugo;
por eso al destino plugo
que llore aquí desterrado.

VI

Ya vuestra águila gloriosa
bajo sus alas me ampara,
donde nunca el servil osa
mirar al libre a la cara.
Mas ¡ay! el gemido ahogado
de la patria en agonía
viene a herir día tras día
¡el alma del desterrado!

VII

Allí está mi pensamiento,
mi corazón allí está,
¡y qué horrible es el tormento
que este destierro me da!
¡Oh!, rogad a Dios que el hado,
propicio a tierra tan bella,

dé de Libertad la estrella
¡al país del desterrado!

VIII

   Y cuando oigas que en mi tierra
del bronce al ronco estridor
alza su grito de guerra
adalid libertador,
   ¡allí estoy!… Si infortunado
caigo de su enseña en pos,
una lágrima, un adiós,
¡dad al pobre desterrado!

New York, 1850

La Pluma y la Espada

Fantasía

I

Solo estoy, y pensando en el destino
Del suelo hermoso en que vivir nací,
La ardida frente en mi sitial reclino,
Y sólo pienso, dulce Cuba, en ti.
Colgada en la pared brilla una espada:
Húmeda está mi pluma en el tintero:
Viene el sueño, y me finge que entablada
Plática tienen péñola[16] y acero.

II

LA PLUMA

Vano es pretender, Espada,
que mi dueño te prefiera;
es fuerza que más me quiera
y que te deje colgada.
Yo soy quien la lid prepara
en que te esgrimen a ti,
y si no fuera por mí
nadie te desenvainara.

LA ESPADA

Estás, por cierto, arrogante
y harto estás de ti preciada,
sin reparar que la espada
va de la pluma delante.
¿Qué valieran tus consejos?
Tus rasgos, ¿qué aprovecharan
si en el campo no brillaran
de mi acero los reflejos?
La guerra es mi centro propio;
tú en el del consejo vives;
y el que aquí con tinta escribes
yo allá con sangre lo copio.

---

[16]Pluma de ave.

LA PLUMA

Sin mí no habrá paladín
que te suspenda a la cinta.

LA ESPADA

Morirás ahogada en tinta
si yo muero harta de orín.

LA PLUMA

Yo a mi dueño proporciono
gloria en vida y en la historia.

LA ESPADA

Yo también doy esa gloria
y aun abro camino a un trono.

LA PLUMA

No un trono sino ser libre
es la ambición de mi dueño.

LA ESPADA

Perdido será su empeño
mientras en la lid no me vibre.

LA PLUMA

Pronto dará sus cosechas
el campo en que eché semillas.

LA ESPADA

Pues debe entrar la cuchilla
si están las espigas hechas.

III

La Espada por el viento remecida
Chocó en el muro, y desperté a su son:
Por el viento también voló impelida
Levemente la Pluma hasta un rincón.
Juzgué claro el augurio y verdadero:
Dejé rodar la péñola olvidada,
Y exclamé, descolgando el limpio acero:
"Te dejo, Pluma, por ceñirte Espada".

A Guaimacan

(Seudónimo cubano)

Con motivo de sus bellos versos titulados
"La Estrella de Cuba"

La voz valiente del robusto canto
Que allá en las playas de la triste Cuba
Alzaste porque suba
Grito de Libertad y no de llanto,
Acá del Hudson en la margen fría
Sonoro retumbando, nos revela
Que ya romper anhela
Su infanda[17] esclavitud la patria mía.
Bien es cierto, cantor. Dadas las manos,
Olvidando mezquinas divisiones,
A Cuba corazones
Dan españoles como dan cubanos.
Aún la débil Belleza halla en la pira
De la Patria infeliz, fuerza, ardimiento:
Con palpitante acento
Murmura ¡Libertad! ¡Llora y suspira!
El letargo pasó. De nobles hijos
Lanzados por el Déspota a otro suelo,
Pronto el ardiente anhelo
Y los afanes cesarán prolijos.
Alce Cuba su frente noble y bella,
Llame luego a sus hijos desterrados,
Y ansiosos volarán, bravos soldados,
¡A vencer o morir bajo su Estrella!

[17]Torpe, indigno de que se hable de ello.

Canto de un desterrado

Al través de los mares escucho
de mi Cuba el doliente gemido,
y oigo en torno el feroz alarido
del Tirano que muerte le da.
¡No más llanto ni vanos suspiros!
¡Hierro y sangre en la lid pide Cuba!
¡Libertad! Esa voz sólo suba
Con el trueno del bronce a la par.

Que de eterna vergüenza se cubra
quien no empuñe la espada o la lanza,
pero el héroe que laudos alcanza
"¡Viva Cuba!" aun muriendo dirá.
Nuestra libre bandera tremole
Entre el humo de pólvora ardiente,
y un clamor sólo suene rugiente
repitiendo ecos mil ¡Libertad!

Himno de guerra cubano

Coro

¡Que silben las balas,
que truene el cañón!
¡Ser libres queremos
no más opresión!

I

Del viento en las alas
mi cántico suba:
¡hermanos de Cuba
la espada empuñad!
Cantemos valientes
el himno bendito,
¡y alcemos el grito
de la Libertad!

II

¿Qué importan peligros?
¿Qué importa la muerte?
Con ánimo fuerte
volad a la lid.
La bala que arranca
del héroe la vida
corona es ceñida
de gloria inmortal.

III

¡Atrás el cobarde!
¡Los buenos conmigo!
Del hierro enemigo
¿qué noble tembló?
Corramos, patriotas;
¡las armas en mano!

Honor al cubano,
¡vergüenza al traidor!

IV

Del rey de los cielos
tendremos la ayuda:
la espada desnuda
hará lo demás.
Valientes rompamos
el yugo maldito,
¡y alcemos el grito
de la Libertad!

Matanzas, 1847

A los matanceros[18]

Al recibirse en Nueva York la noticia del alzamiento del Camagüey en julio, 1851

¡Yumurí! ¡Yumurí! Ya resonante
Por tu hondo valle y en la agreste entraña
De tu empinada y áspera montaña,
De la guerra se oyó la voz tonante.
"¡Libertad!" desde el Tínima, triunfante,
El Camagüey gritó. "¡No más España!"
Y sus hijos, ardiendo en noble saña,
"¡Libertad!" respondieron, "¡y adelante!"
¡Yumurí! ¡Yumurí! Tú también libre,
El grito de ¡a la lid! entrega al viento,
Y en tus campos retumbe como el rayo.
Su espada cada cual empuñe y vibre:
¡Al arma y a la lid!, y en ronco acento
"¡Patria! ¡Dios! ¡Libertad!", clame Yucayo.

[18]Aquí el poeta hace un llamamiento a los matanceros (el Valle de Yumurí está en la provincia de Matanzas), con motivo de los levantamientos (ver prólogo y tabla cronológica) que tienen lugar en otras regiones en Cuba, particularmente en Camagüey (de ahí la referencia al Tínima, río camagüeyano). Los altibajos de la lucha contra la tiranía y de la situación del destierro, que van a reiterarse históricamente por más de un siglo, se ponen de manifiesto en este y el siguiente poema, donde el poeta clama venganza por la muerte de Narciso López y su fracasado intento de liberación.

En la muerte de Narciso López

¡Muerto, ay dolor, el adalid valiente
Que sólo para ti, Cuba, vivía!
¡Muerto!... ¡Y manchada su gloriosa frente
Por mano de verdugo!
¡Oh, patria mía!
¡Cuánto de sangre has de beber y llanto
Para vengar los manes del que un día,
De tus cobardes déspotas espanto,
Por ti sacrificó cuánto tenía,
Por ti buscó la muerte en la lid fiera,
Por ti fue su mortaja tu bandera!
¡Oh! ¡Cómo mana el corazón herido
Torrentes de dolor, mares de ira,
Tu muerte al recordar! Mas de mi lira
No lúgubre canción ni hondo gemido
Se escalará con lágrimas y lamento.
No, que en tu tumba, paladín laureado,
Ni lamento ni lágrima se vierte:
Se quiere sólo sangre, sólo muerte,
Y decir: ¡Duerme en paz: ya estás vengado!

New York, septiembre, 1851

A mi madre

que me llama a Cuba con motivo de la Amnistía
dada por la Reina de España en abril de 1854[19]

I

"Ven otra vez a mis brazos..."
me dices con tierno anhelo: —
"dale a mi alma este consuelo,
¡que la tengo hecha pedazos!
       Muévante las ansias mías,
mi gemir y mi llorar,
y consuelo venme a dar,
hijo, en mis últimos días;
              porque es terrible aflicción
pensar que en mi hora postrera
no pueda verte siquiera
y echarte mi bendición!"
              —¡Ay triste! y con qué agonía,
y con qué dolor tan hondo,
a tu súplica respondo
que no puedo, madre mía!
       Que no puedo, que no quiero,
porque, entre deber y amor,
me enseñaste que el honor
ha de ser siempre primero;
              y yo sé que mal cayera
tu bendición sobre mí
si al decirte "Veme aquí",
sin honor te lo dijera.

[19]Estas y otras concesiones de amnistía por el gobierno español tienden, a la larga, a desmoralizar el exilio político, y crean una división entre aquéllos que las aceptan y los que las rechazan. Regresar a Cuba puede representar señal de debilidad, diálogo con la tiranía y hasta delito de traición por la causa con la cual el exiliado se ha comprometido. El propio Teurbe Tolón, que se niega en un principio, como el caso de Heredia, cede y regresa por razones familiares, y también de salud, como si volviera para morir en un último encuentro con la tierra que lo vio nacer.

II

Pisar mi cubano suelo,
y oír susurrar sus brisas
que son ecos de las risas
de los ángeles del cielo;
    al redor de la ciudad
ver los grupos de palmares
cual falanges militares
de la patria Libertad;
    ver desde la loma el río,
sierpe de plata en el valle,
y entrar por la alegre calle
donde estaba el hogar mío;
    pasar el umbral, y luego...
no encuentro frase que cuadre...
echarme en tus brazos, madre,
loco de placer y ciego!
    Volver a tus brazos... ¡ay!
para pintar gozo tanto
¡ni pincel, ni arpa, ni canto,
ni nada pienso que hay!
    Porque hasta en mis sueños siento
tan inmenso ese placer
que al fin me llega a poner
el corazón en tormento;
    y si expresártelo a ti
fuerza fuera, madre mía,
solamente Dios podría
decir lo que pasa en mí.

III

Pero, ¡ay madre! que apenas
oiga tu voz que bendice
oiré otra voz que maldice
¡la voz de Cuba en cadenas!
    Dolorosa voz de trueno
que gritará sin cesar:
"¡Cobarde, ven a brindar
con la sangre de mi seno!"
    Y al ir a estrechar la mano

del hombre que en otro día
me respetaba y oía
como patriota y hermano,
    sentiré aquel tacto frío
de la suya, que me dice
que su corazón maldice
la debilidad del mío;
    y cualquier dedo, el más vil,
contra mi alzarse podrá
y con razón me dirá:
"¡Bienvenido a tu redil!"
    Al verme en vergüenza tanta,
pobre apóstata cubano,
querrá el soberbio tirano
que vaya a besar su planta;
    y ¿qué le responderé
cuando insolente me llame?
Menester será que exclame
"¡Pequé, mi señor, pequé!"
    Y dirá el vulgo grosero,
con carcajada insultante,
al pasar yo por delante:
"¡Ahí va un ex-filibustero!"
    Y habré de bajar la frente
sin poderle replicar,
porque tendré que tragar
su sarcasmo humildemente.
    Esto no lo quieres, no:
lo sé bien, no lo querrías,
y tú misma me odiarías
a ser tan menguado yo.

    Mas pronto lucirá el sol
de mi Cuba, independiente,
hundiéndose oscuramente
el despotismo español;
    y apenas raye ese día
con amor y honor iré;
y "¡Aquí estoy ya!", te diré;
¡"Bendíceme, madre mía!"

New York, 1851

Contestación de un Guajiro[20]

a la carta autógrafa de
la Reina de España a los cubanos, en
8 de octubre de 1851

Alcance licencia ahora
y pueda hablar ante vos
un guajiro que la implora
para deciros, Señora,
verdad como manda Dios;
      porque en estas soledades,
donde la lisonja es muda,
usamos decir verdades
sin freno en la lengua ruda
ni miedo a las majestades.
      Bien con frase más lucida
hablarán otros que yo
brindándoos "hacienda y vida":
será su arenga pulida,
pero vedadera.... ¡no!
      Aunque lejos del rüido
de que está la ciudad harta,
también por acá se ha oído
algo de la regia carta
que nos habéis dirigido;
      y aunque al rústico se esconde
del cortesano la escuela,
sabemos, Reina Isabela,
que el biencriado responde,
con una esquela a otra esquela.
      Así pues, vamos al grano,
si place a su Majestad
que este guajiro cubano
le diga en su estilo llano
la purísima verdad.
      Usamos frecuentemente
nosotros los labradores

---

[20]Guajiro: nombre dado al campesino cubano.

decir "obras son amores",
proverbio que nunca miente
ni en villanos ni en señores;
   y así, al punto que empezaba
a leer con gran mesura
en la iglesia el Señor Cura
la carta que derramaba
tanto almíbar de ternura,
   hubo entre los rezadores
quien, sin poderlo impedir,
en vez de en los goris-gores
"ora pro nobis" decir,
respondió "obras son amores".

   Y razón el tal tenía
para decirlo, aun adrede,
porque es claro, Reina mía,
que mal disfrazarse puede
de madre la Tiranía.

   En ese escrito real,
en mal hora concebido,
con intento desleal,
habéis, Señora, querido
añadir la burla al mal.

   Aun pide venganza al cielo,
en el campo y la ciudad,
—donde todo es llanto y duelo—
sangre de hijos de este suelo,
derramada sin piedad,

   y cuando en nuestras sabanas
resuena tanto gemido
¿pensáis que demos oído
a cuatro palabras vanas?
¡Qué tal hubierais creído!

   "Hijos vuestros" nos llamáis,
y "siempre leales cubanos",
y al hacerlo os olvidáis
que a la cara nos echáis
¡sangre de nuestros hermanos!

   ¿Qué bienes Cuba ha tenido
en prendas de vuestro amor?
De vos, ¿qué hemos recibido?

Por sacrificios, olvido;
por fidelidad, ¡rigor!
   Amor nuestros corazones
sin doblez siempre os brindaron,
y en más de cien ocasiones
nuestras manos derramaron
en vuestras arcas millones;
   y los campos de la España,
desde Navarra a Castilla,
teatro de muchas hazañas
han sido a nuestra cuchilla
en dilatada campaña.
   ¿Por quién enjambráis soldados?
Y aquesos barcos de guerra
y baluartes artillados
que hacen cárcel nuestra tierra
¿por quién los tenéis pagados?
   ¿Quién vuestras deudas abona?
¿Quién vuestra corte sustenta?
¿Quién tantas sumas os dona
que evita poner en venta
joyas de vuestra corona?
   Joyas que ni agradecerlas
supisteis hora ni antes,
aunque os dimos para hacerlas
con nuestro sudor, diamantes,
con nuestras lágrimas, perlas.
   Mas vos, la verdad es ésta,
cuando andáis de fiesta en fiesta,
con regia pompa a gozar,
no os detenéis a pensar
quién lo paga y cuánto cuesta.
   Si se os antoja un placer
aunque al imposible suba,
¿qué importa? os basta querer,
y cuanto oro tiene Cuba
de España y vuestro ha de ser;
   y los frutos que nos dan
nuestros trabajos prolijos
unos tras otros se van,
aunque quitemos el pan
de la boca a nuestros hijos.

Y tras tanto sacrificio
que os hace el pueblo cubano
¿qué le dais por beneficio?
¡La cuchilla del Tirano
sobre sangriento suplicio!
Los males no tienen cuenta
que aquí sufrimos por vos;
y ¿qué derecho os sustenta,
qué razón, qué ley de Dios,
para hacernos tanta afrenta?
Mas, cumplido, Reina, está
de tantos sufrir el plazo:
basta de vergüenza ya,
que en vez de razón el brazo
la justicia nos hará.
Desde que yo pequeñuelo
abrí los ojos al sol
de la verdad, vi este suelo
siempre cubierto de duelo
por un tirano español,
    pero también es verdad
que con la sangre y el llanto
que arrancaba sin piedad,
regábamos entretanto
el árbol de Libertad.
    Ya, pues entre Cuba y vos,
no habrá paz sobre la tierra:
que ya no hay más entre los dos
que los rayos de la guerra
y el santo juicio de Dios.

    Hablar más, empeño es vano,
y excuse su Majestad
si este guajiro cubano
habla tan liso y tan llano
cuando dice la verdad.

José Agustín Quintero

¡Adelante!

Dios le dijo a la luz con voz sonora
¡Adelante! ¡Adelante!
Movió el tiempo su rueda giradora,
Y un sol tras otro sol, y hora tras hora
Su marcha comenzaron incesante.

Los arroyos, los ríos y las fuentes
Con eco murmurante
Desataron sus límpidas corrientes,
Y las nubes y vientos prepotentes
Gritaron —¡Adelante!

Las montañas se alzaron altaneras
Con majestad triunfante,
Sus penachos elevaron las palmeras
Y sus vuelos las águilas ligeras,
¡Adelante! ¡Adelante!

Al ánima del hombre el mismo acento
Le dijo resonante,
Corta el altivo cedro corpulento,
Doma del mar el ímpetu violento.
¡Adelante! ¡Adelante!

Ve, saca el mármol y con noble anhelo
Toma el cincel cortante....
Cúpulas y columnas desde el suelo
Alzáronse soberbias hasta el cielo.
¡Adelante! ¡Adelante!

Del cometa la marcha misteriosa
Ve y descubre constante.
Arrebata a la nube tenebrosa
El rayo de explosión estrepitante.
¡Adelante! ¡Adelante!

El hombre oyó la celestial llamada
De emoción palpitante,
Y en base inmensa la dejó grabada
Con dócil pluma o vengadora espada.
¡Adelante! ¡Adelante!

Los sabios en las aulas proclamaron
El principio triunfante.
La razón y la gloria se hermanaron
Y las artes y ciencias exclamaron
¡Adelante! ¡Adelante!

¡Despierta, oh Cuba! Tras tormenta fiera
Asoma el sol radiante.
¡Esperanza y valor! Oprobio fuera
No llevar por divisa tu bandera.
¡Adelante! ¡Adelante!

Poesía

—¿Qué trabajas, herrero? —¡Una cadena!
—¡Cadena que tal vez lleve un hermano!
—¿Dónde vas, pescador? —La mar serena
mi red de hermosos peces veré llena...
—Ve, tráelos al banquete del tirano.

—¿Qué aras, labrador? —La tierra dura
Donde florecen el café y la caña.
—¡Vana es tu industria, tu afanar locura!
Para ti es la fatiga y la amargura,
¡El oro y las cosechas son de España!

—¿Qué corta, leñador, tu hacha pesada?
—¡Árboles de vigor y pompa llenos!
—¡Detente, que la patria está enlutada;
A cada golpe de tu mano osada
Hay un cadalso más y un árbol menos!

—Di, ¿qué meces, mujer, en esa cuna?
—¡Un niño! En él mis ojos siempre clavo.
—Pese, oh madre infeliz, a tu fortuna
Desvelada te encuentran sol y luna,
Y al fin le das al déspota otro esclavo.

A Miss Lydia Robbins

Ayer huí de mi país querido
Y al suspender el ancla el marinero,
Se despertó mi corazón dormido
Con el grito de leva lastimero.

La onda amarga rompió veloz la quilla
Y en la línea miré del horizonte
Que se nublaba mi natal orilla
Y la empinada cumbre de su monte.

Entonces la opresión me perseguía
De mis playas volaba a tu ribera,
Y orgullosa y feliz me protegía
De Washington y Jackson la bandera.

Con sublime emoción, con pena grave,
Alta la frente y encendido el seno,
Iba yo junto al mástil de mi nave
¡Saludando el Atlántico sereno!

Hoy heme aquí, ¡por fin!, despedazados
Mis miembros por el hierro y las cadenas,
Pálido, con los pies ensangrentados,
De libertad hollando las arenas.

Sobre el bastón me apoyo del viajero
Y recuerdo a la sombra del manzano,
De la palma fantástica el plumero
¡Y el pendón de mi plátano cubano!

¡Oh Lydia! ¡Dulce Lydia! Si tu vieras
Nuestro mango frondoso, el tamarindo,
Nuestros espesos bosques de palmeras
Y de sus aves el plumaje lindo;

Si vieras nuestro cielo azul, fulgiente,
Que entre nubes de ópalo se ríe,
Y el jazmín del cafeto que al ambiente
Perfume de ámbar lánguido deslíe.

Si escucharas después de un aguacero
Del sol del ciboney al rayo tibio
Gemir sobre el naranjo el sabanero
Y cantar melancólico el solibio;

¡Oh! Si tú vieras en mi edén risueño
De una criolla hurí la trenza negra

Que si cual manto cúbrela en el sueño
Como diadema en el festín la alegra.
 Y si escucharas su amoroso acento
Que se introduce armónico en las almas,
Comprendieras la pena que yo siento
Por mi tierra de arroyos y de palmas:
 Quedaras entre amores extasiada
Contemplando su encanto y su hermosura,
Como fuente que pasa sosegada
Y copia en su corriente a la natura.
 ¡Oh Lydia! ¡Dulce Lydia! El viento helado
Aquí con filo rápido me hiere.
¡Gozo la libertad que había anhelado
Pero mi triste corazón se muere!
 Por eso melancólico te miro
Cuando clavas en mi tus grandes ojos,
Y devuelvo de angustias un suspiro
A la sonrisa de tus labios rojos.
 Y hoy que abandonas nuestro bosque verde
Y estrecho ¡ay Dios! tu mano entre la mía
Sangre brotando el corazón, me muerde
Angustia doble en soledad sombría.
 ¡Oh quiera Dios que con el rifle al hombro
Pronto salude el sol del campamento
¡Y al verdugo español infunda asombro
La azul bandera desplegada al viento!
 Si entonces una bala envilecida
Viene cual rayo y la existencia pierdo,
Sólo por la ancha boca de la herida
Podrá escaparse, ¡oh Lydia!, tu recuerdo.

Pedro Santacilia

A España

Estos, Fabio, ¡ay dolor! que ves ahora
Campos de soledad, mustio collado,
Fueron un tiempo Itálica famosa.
Caro, *Ruinas de Itálica*

¡España! —La flaqueza
De tus cobardes hijos pudo sola
Así enlutar tu sin igual belleza
...vanamente
Busco honor y virtud; fue tu destino
Dar nacimiento un día
A un odioso tropel de hombres feroces,
Colosos para el mal.
Quintana, *A Padilla*

¡Cuán solitaria la nación que un día
Poblara inmensa gente!
Espronceda, *Elegía*

Ignominio perenne a tu nombre
Degradada y estúpida España
Heredia, *A Riego*

Torpe, mezquina, y miserable España
Zorrilla, *España artística*

Aún era yo muy niño y me contaban
Que fuiste grande y poderosa un tiempo,
Que tus naves llenaban el océano,
Que llenaba tu nombre el universo;
Que tus legiones por doquier triunfantes

73

Asombraban el mundo con sus hechos
Y que eran los hidalgos de tu tierra
Dechados de cumplidos caballeros;
Que temblaban de espanto las naciones
Al escuchar tu formidable acento,
Y que el sol sin cesar, en tu bandera
Alumbraba el escudo de tu pueblo.
Eso y aún más que guarda la memoria
De tu poder, España, me dijeron,
Y yo de Cuba en las remotas playas
Acariciaba cual dorado sueño,
La esperanza feliz de ver un día
Rico en recuerdos tu fecundo suelo.
Lleno de fe, con férvido entusiasmo,
Empapado en patriótico ardimiento,
Mil veces ¡ay! desde la verde orilla
De mi tierra infeliz, busqué a lo lejos,
Con ansiosa mirada hacia el oriente
La sombra de tus montes corpulentos,
Y mil veces y mil imaginaba
Mirar distante entre la mar y el cielo,
A través de las brumas y el espacio
La sombra aquella de tus montes bellos.
Así embriagado en dulces ilusiones,
Ignorante, feliz, niño inexperto,
Soñaba con tus bravos capitanes,
Soñaba con tus grandes monumentos,
Con tus bellas mujeres, con tus bardos,
Con tus fiestas, combates y torneos,
Y sin cesar, España, en la memoria,
Un culto consagraba a tus recuerdos...
—Pero el tiempo voló, con él volaron
De aquella edad los mágicos ensueños,
Y no más por el prisma del engaño,
Pude mirar, España, tus portentos.
El ídolo toqué que tantas veces
Admiraba inocente desde lejos,
Aparté los girones de su manto
Y el barro inmundo contemplé del cuerpo,
Entonces ¡ay! las ilusiones bellas
Que agitaban mi ardiente pensamiento,
Cual hojas por el cierzo arrebatadas,

Para más no volver desaparecieron.
¡Palpé la realidad! —El desencanto
Al entusiasmo sucedió en mi pecho,
Y en vez de admiración, sentí en el alma
Un sentimiento, España, de desprecio,
Porque vi tus ciudades despobladas,
Transformados tus campos en desiertos,
Convertidas tus fábricas en ruinas
Y sin bajeles tus antiguos puertos;
Y vi también la patria de Viriato[21]
Emancipada del pendón ibero,
Y la roja bandera de Inglaterra
Dominando las aguas del Estrecho;[22]
Y los hermanos contemplé —si hermanos
Alguna vez los españoles fueron—
Que en discordias civiles divididos
Se devoraban como tigres fieros,
Manchando así la tierra, que fecunda
Tantos laureles produjera un tiempo.
En vano interrogué —¿Dónde, decía,
Está de los fenicios el portento?
¿En qué lugar se ocultan de Cartago
Las riquísimas minas y el comercio?
¿Por qué no admiro de la antigua Roma
El pasado esplendor? ¿Por qué no encuentro
Los cármenes floridos y canales
Que dejara al partir el Agareno?[23]
¡Todo desapareció! Ruinas tan solo
Descubre la mirada del viajero
Al recorrer los solitarios campos
Fértiles por do quiera, pero yermos;
Y cual suele mirarse allá en el foso
De algún castillo que respeta el tiempo
Los reptiles inmundos que se agitan,
Y bullen, y se agrupan en el cieno;
Así también en derredor se miran

[21]Guerrero lusitano que lucha contra el invasor romano.
[22]Se refiere al Estrecho de Gibraltar.
[23]Tras mencionar la subsecuente presencia de fenicios, cartagineses y romanos en el suelo ibérico, Santacilia hace referencia a la salida de los mahometanos (agarenos) de España.

De tus ricos, grandiosos monumentos,
Bullir como reptiles en el fango,
Atrasados y bárbaros tus pueblos...
¡Desdichada nación! —Ayer tu nombre
Llenaba con su gloria el Universo,
Hoy... olvidada vives de la historia
Que menosprecia referir tus hechos.
¡Oh, si la frente alzaran del sepulcro
los que en Lepanto[24] y San Quintín[25] cayeron!
¡Cómo ruborizados la ocultaran,
Al contemplar las glorias de sus nietos!
¡Balanguinguí! ¡Joló![26] ¡Las Chafarinas![27]
¡Esas glorias son del pueblo ibero!
¡Después de los gigantes que pasaron
Sólo quedan...parodias de pigmeos...!
Para vencer tus invencibles naos
Fue preciso la cólera del cielo,
Mas vino Trafalgar,[28] y tus escuadras
Una sombra no son de lo que fueron.
En África, y en Asia, y en Europa,
Se paseaban triunfantes tus guerreros,
Y no bastando a tu poder un mundo,
Otro mundo más grande te dio el cielo;
Pero tus hijos crueles y feroces,
De sangre, y oro, y de maldad sedientos,
Las inocentes tribus de aquel mundo
Devoraron cual buitres carniceros,
Y mil pueblos, y mil que allí vivían,
En tropel a la tumba descendieron...
Cayó del Anahuac[29] la monarquía
Y de los Incas sucumbió el imperio;
Atahualpa,[30] Caonabo,[31] Moctezuma,[32]
Hatuey,[33] Guatimozín[34]... ¡todos cayeron!

[24]Victoria naval contra los turcos ocurrida en 1571.

[25]Ciudad en el norte de Francia conquistada por los españoles en 1557.

[26]Balanguinguí y Joló eran territorios españoles en las Filipinas. Los habitantes de Joló practicaban la religión mahometana en su mayor parte, se dedicaban a la piratería y los españoles tuvieron que sostener con ellos sangrientas luchas.

[27]Pequeño archipiélago cerca de la costa norte de Marruecos que pertenecía a España.

[28]Derrota naval de los españoles y los franceses por los ingleses en 1805.

Y apenas de sus nombres la memoria
Entre lágrimas guardan los recuerdos...
¡Sanguinaria nación! ¡Cómo Saturno
Devoraste los hijos de tu seno,
y después cual Caín, a tus hermanos
Sacrificaste con encono fiero.
Como el árbol del mundo americano
A cuya sombra que emponzoña el suelo,
Callan las aves y la planta muere,
Se marchita la flor y huye el insecto;
Así también a la funesta sombra
De tu pendón fatídico y sangriento,
Huye la libertad, cesa la industria,
Calla la ilustración, muere el progreso.
Hija de los desiertos africanos,
Parece que la mano del Eterno
Para librar de tu contacto a Europa
Hasta el éter alzó los Pirineos.

²⁹El valle donde está la ciudad de México, centro del imperio azteca.

³⁰El Inca Atahualpa fue sorprendido, hecho prisionero por Pizarro después de una sangrienta masacre y condenado a muerte tras múltiples estratagemas y crueldades de los españoles.

³¹Caudillo indígena dominicano que se estableció en Cuba en la época precolombina, en la región de Matanzas, el cual se hizo famoso por su tenaz resistencia a los conquistadores.

³²Rey de los aztecas que murió en una batalla entre los aztecas y los españoles durante la conquista de México por Hernán Cortés.

³³Hatuey fue la primera víctima de nombre conocido que luchó por la libertad de Cuba. Era haitiano, de la región de Guahaba, y venía huyendo de las atrocidades cometidas por los españoles en La Española. Tenía un espíritu indómito, le hizo frente a los conquistadores, siendo condenado a morir en la hoguera. Según nos cuenta Bartolomé de las Casas, cuando se le propuso la conversión para ir al cielo, preguntó si los cristianos iban allí, y al contestarle el sacerdote afirmativamente, Hatuey dijo que prefería ir al infierno para así no encontrarse con hombres tan crueles.

³⁴Despúes de la muerte de Moctezuma, Guatimozín fue proclamado emperador de los aztecas y defendió valientemente la ciudad de México. Fue hecho prisionero y sufrió bárbaros tormentos para que confesara dónde estaban sus tesoros. Cortés le salvó la vida en esa ocasión, pero años después lo sentenció a morir ahorcado.

¿Qué se hicieron, España, tus laureles?
¿Qué se hicieron, tus ínclitos guerreros?
Tus conquistas, tus glorias de otros días,
Tus matronas, tus sabios, ¿que se hicieron?
Apenas de ese inmenso poderío
Conservan ya tus hijos el recuerdo,
Que hasta el recuerdo de tu antigua gloria
Lo ignora, España, tu atrasado pueblo.
Generación raquítica y bastarda
De mendigos, y frailes, y toreros,
¿Cómo ha de comprender ¡ay! las proezas
Que acabaron sus ínclitos abuelos?
¿Cómo ha de comprender que hubo un Padilla[35]
De noble audacia y corazón de fuego
El pueblo que en abyecta servidumbre
Dobla tranquilo a la opresión el cuello?
¿Cómo ha de comprender cuánto fue grande
El alma de Guzmán llamado *el bueno*,[36]
La gente que enervada en los placeres
Ni tiene fe, ni fibra, ni denuedo?
¿Cómo admirar pudieran esos hombres
De espíritu servil y flaco aliento
La abnegación sublime de Numancia,[37]
Ni de Sagunto[38] los preclaros hechos?
¡Hijos espúreos! ¡Raza degradada!
¡Degenerada estirpe de pigmeos!
¡Acaso con la fábula confunda
Las gloriosas hazañas de otros tiempos!
¡Acaso con escéptica sonrisa
La relación escuche como un cuento
De los hechos titánicos que un día
Renombre dieran al pendón ibero!
De tu inmenso poder, mísera España,

---

[35]Juan de Padilla (1484–1521) fue un noble castellano que se puso a la cabeza de los comuneros de Castilla en contra de Carlos V, derrotado y decapitado en 1521.

[36]Guzmán el Bueno (1258–1977), capitán castellano, defensor de Tarifa, que cuando se apoderaron de un hijo suyo y amenazaron con degollarlo, le tiró su propio puñal a los asesinos para que llevaran a efecto su amenaza.

[37]Ciudad famosa por su resistencia al invasor romano.

[38]Ciudad griega, en la costa española del Mediterráneo, sitiada por los cartagineses, a los que ofreció heroica resistencia.

Sólo quedan memorias y recuerdos;
Las naciones que ayer te obedecían
Hoy pronuncian tu nombre sin respeto:
Y mañana la historia en sus anales
Escribirá con lágrimas tus hechos,
Y tus hijos… ¡tal vez avergonzados!
Maldecirán sus bárbaros abuelos...
Por eso con amargo desencanto
Vi tus ciudades, y estudié tus pueblos,
Y en vez de admiración, sentí en el alma
Un sentimiento, España, de desprecio.

Salmo CXXXVII de David

Super flumina

De Babilionia los lejanos ríos
Con dolorida vista contemplamos,
Y tristes y sombríos,
Sentados en sus límpidas orillas,
El suelo en que nacimos recordamos
Empapadas en llanto las mejillas;
Los dulces instrumentos
Que en horas de placer antes sonaban,
A merced de los vientos
En los sauces tristísimos colgaban.
Entonces los tiranos
Que la tierra asolaron con el hierro
Y encadenaron luego nuestras manos
Conduciéndonos crueles al destierro,
Sin atender al lloro
Que a raudales los párpados brotaban
Canciones nos pedían
Y —"cántanos, decían,
En vuestras arpas de oro
Los himnos bellos que en solemne coro
En las fiestas se oían
Que al Señor en Sión se dirigían".
¡Pero cómo cantar! —¿Cómo pudiera
Lejos del suelo que nacer le viera
El proscripto cantar? —¡Tierra querida!
Jerusalén amada,
Tesoro de mi amor, —patria adorada;
Si alguna vez para mi propia mengua
La memoria te olvida,
Y puedo hallar consuelo
Apartado de ti bajo otro cielo,
Permite que mi lengua
Sin movimiento quede, y el destino
Alfombre de dolores mi camino;
Y tú, Dios de justicia,

Que conoces del hombre los senderos,
Contempla la malicia
De lo hijos de Edom, de los que fieros
A la patria querida nos robaron
Y cual esclava y mísera colonia
Cautivo nos llevaron
A la antigua, soberbia Babilonia,
Castígalos, Señor, no como el bueno
Goce el malo de dulce bienandanza,
Suene terrible de tu voz el trueno
Y descienda sobre ellos la venganza.

Pedro Angel Castellón

A Cuba en la muerte de Varela

Abierta estaba la profunda herida
que al corazón de muerte amenazaba,
y el hierro del dolor emponzoñado
vuelve otra vez a ensangrentarse en ella.
¡Oh Cuba! ¡Oh Patria! El sacrificio horrendo
del gran Narciso[39] consumarse viste,
y el iris que en tu frente sin mancilla
era un reflejo de su invicta espada,
con tu esperanza se nubló en mal hora.
¡Golpe fatal! En tu amargura extrema
tus pesadas cadenas arrastrando,
el último pensabas que sería,
mas ¡ay desventurada! llora, llora;
no hay piedad para ti, Varela ha muerto.
Murió tu dulce nombre murmurando,
murió sin ver tus grillos quebrantados;
pensó dejarte para siempre libre,
y te deja cual nunca esclavizada;
pensó entregarte tus mortales restos
y sin besar la arena de tus playas
murió lejos de ti, proscripto, errante.
¡Oh, cuánta gloria debes a su nombre!
De su ciencia fúlgida lumbrera
un lauro y ciento y mil ciñó a tu frente,
con ella te ilustró, también con ella
la fuente de sus lágrimas secaron
el huérfano, la viuda y el mendicante.

[39]Referencia a Narciso López.

¿Qué sabio entre tus hijos predilectos
no le debe la ciencia que atesora?
¿Qué alumno del santuario de Minerva
no bebe la verdad en tus doctrinas?
El es el polo del imán de todos,
todos arroyos son de un mismo río.

De su saber el fruto bendecido
al alivio del prójimo doliente
piadoso consagró; mas no bastaba
para saciar su sed de beneficios
otorgar el favor solicitado,
que en su piedad ardiente desbordada
llagados corazones sin consuelo
donde verterla pródigo buscaba,
porque él era la luz en las tinieblas,
el vínculo entre Dios y los mortales.

Su caridad, su ciencia y patriotismo
eran efecto y causa a un mismo tiempo,
que en una sola llama se inflamaban
su alma, su corazón, su inteligencia.

¿Quién de tantas virtudes admirables
pudo encerrar jamás mayor tesoro?
¿Qué mano fue más digna que la suya
de alzar bajo tu cielo refulgente
en el altar la hostia consagrada?
Mientras otros ministros de la Iglesia
de la misa en el santo sacrificio,
sus ruegos levantaban por los reyes,
él de su corazón ardiente y puro
los suyos generosos elevaba
por tu dicha, tu honor, tu independencia.

Aquellos en la cátedra del templo
armados de sofismas miserables
para exhortar al pueblo al servilismo,
mil veces en furor se desataron
por combatir de libertad la idea,
y él noble y fervoroso predicaba
de la igualdad el dogma sacrosanto
con la dulce moral del Evangelio;
mas ésos que profanan sin conciencia
la sagrada misión del sacerdocio,

ésos son para mengua de ellos mismos,
no ministros de Dios, sí del tirano.
   ¡Oh Cuba! ¡Oh patria mía! Si los cielos
así como te hicieron tan hermosa
en grado igual feliz te hubiesen hecho,
en cuanto alumbra el sol de polo a polo
no hubiera otra región cual tú dichosa.
   Mas ¡ay! que quiso tu contraria estrella
que esa feroz España, filicida,
como el tigre en el cándido cordero
clavase en ti sus uñas carniceras
en pago del tesoro que en sus arcas
ávidas cual vorágines derramas,
luto y desolación te vuelve solo.
¡Y osa la cruel llamarse madre tuya!
¡tu madre, no; tu pérfida madrastra!
degradación y oprobio es su cariño,
su protección la sórdida avaricia,
su principio vital el oro y sangre
en su vil pabellón simbolizados,
sus leyes bayonetas y cañones,
el terror su brutal filosofía…
   Y murió y al morir sus ojos vieron
brotar la sangre por tus mil heridas
y abrirse el cielo para darle entrada,
y oyeron sus oídos juntamente
el fúnebre rumor de sus prisiones
y el armonioso canto del Empireo.[40]
   Una lágrima pura, silenciosa,
del sentimiento la expresión postrera
humedeció su pálida mejilla,
fue que al Eterno revelarle plugo
en el supremo instante de la muerte,
el misterioso arcano de los cielos
que guarda los destinos de la tierra.
¿Era gozo o dolor lo que sentía?
Aquella gota solitaria y trémula
que brotó con el último suspiro,
con el último a Dios que te dijera,

---

[40]Parte más elevada del cielo habitada por los dioses del paganismo.

fue lágrima de amor, sublime, santa,
de esperanza, de fe, de patriotismo.
Y tú varón preclaro y generoso
que su postrer mirada recibiste,
que sus ojos cerraste acongojado,
conserva sus reliquias veneradas,
que Cuba en su dolor te las confía.
Tú fuiste el compañero inseparable
de sus últimas horas de amargura,
tú debes conservarlas mientras ella
pueda ofrecerle en su rasgado seno
entre flores un lecho y una palma.
Venerable pastor de los cristianos
que honras con tu virtud la culta Francia.
Aubrie piadoso, de amistad ejemplo,
gracias te rinde en nombre de la Patria,
un proscripto infeliz que en tierra extraña
sufre cual él sufrió la desventura.
¡Oh! No permita el cielo, dulce Cuba,
que me sorprenda el golpe de la muerte
lejos de tus campiñas deliciosas.
Yo quiero que al quebrarse mi existencia,
la luz postrera que mis ojos miren,
la misma sea que brilló en mi frente
cuando anunció mi llanto que nacía:
quiero volverte el ser que tú me diste:
quiero el sepulcro donde está mi cuna.

A los mártires de Trinidad y Camagüey

Gozábase en su cieno el servilismo
cuando el tirano súbito alarmado
trémulo alzóse, se erizó espantado
cual si viese a sus plantas un abismo.
Era que el grito oyó del patriotismo
desde Cascorro a Trinidad lanzado,
heroico grito al firmamento alzado
provocando el combate al despotismo.
Víctimas nobles de la inicua España
vengadas quedaréis, que no es delirio
que a nuestros pies el déspota sucumba.
Y vuestra gloria fue de tal hazaña
que es gloriosa la palma del martirio
y la gloria también está en la tumba.

En la muerte de Julio Chassagne[41]

Un grito más en su dolor profundo
lanza la patria al contemplar tu muerte,
que pierde la infelice con perderte
un soldado del héroe sin segundo:
    ¿Quién no lamenta férvido, iracundo
cuando su llanto en tu sepulcro vierte
la inmerecida desdichada suerte
de aquél que fue la admiración del mundo?
    Tu espíritu y su espíritu en la gloria
perpetua dicha gozan; tu renombre
unido al suyo brillará en la historia
    Y cuando Cuba en la sangrienta liza
del pueblo libre se conquiste el nombre,
tus restos dormirán con su ceniza.

---

[41]Julio Chassagne da la vida por Cuba durante la primera expedición que organiza Narciso López, lid ("liza" en lenguaje de poeta) a la que se referirá después en el poema.

J. Clemente Zenea

El filibustero

La tierra en que yo he nacido
que sobre la mar se pierde,
parece por ser tan verde
Niobé[42] de la juventud;
y es en esa misma tierra
dónde en apacible calma,
mece sus ramos la palma
anunciando esclavitud.
Yo me alejé de su seno
pobre mártir de las penas,
porque entre tantas cadenas
se enlutaba el corazón;
y con el pecho oprimido
por una mano de hierro,
en la noche del destierro
vine a cumplir mi misión.
Llegué gimiendo a otras playas
advirtiendo en mis congojas,
que comenzaban las hojas
a marchitarse y caer;
y desde entonces el alma
traje de aflicciones viste,
porque es tan triste, ¡tan triste!
ausentarse y no volver...
Yo soñé cuanto era bello
tras un meditar profundo,
establecer en el mundo

[42]Apolo y Artemisa mataron a flechazos a todos los hijos de Niobé o
Níobe. Transida de dolor, la desgraciada madre se transformó en roca. En el
poema, Niobé queda identificada con Cuba, "roca-madre" de una juventud que
se sacrifica, que está esclava y de la cual el poeta se ve precisado a alejarse.

el dogma de la igualdad;
y soñaba embebecido
entre esos goces sin nombres,
vincular entre los hombres
la común fraternidad.

Vi el trono del despotismo
sobre cien generaciones,
ostentar sus pabellones
con estúpida altivez:
y el velo republicano
más blanco y puro que un lirio,
con la sangre del martirio
vi salpicado a la vez.

Vi perecer el talento
bajo un afrentoso yugo,
y entre manos del verdugo
agonizar la virtud,
bajé abatido la frente
y entre pesar y vergüenza,
como el bardo de Provenza
salí a errar con mi laúd.

Perdí sin remordimiento
cuanto grato el orbe encierra,
y al dejar aquella tierra
no hallé viento que aspirar.
Y hubiera querido entonces
cual ave emprender el vuelo,
para remontarme al cielo
sobre el círculo del mar.

Con fiebre de independencia
abandoné mis prisiones,
y en apartadas regiones
la libertad me acogió.
Mas el genio de mis dichas
se desnudó de sus galas,
y levantando las alas
en el éter se perdió.

Quedé solo nuevamente
¡solo! ¡solo en este mundo!
y con un dolor profundo
compré un divino placer.
Dejé lejos mis amigos,

y entre otras amadas glorias
dejé unas tristes memorias
en un alma de mujer.
　　Compré el placer de ser libre
al borde de un precipicio,
ofreciendo en sacrificio
angustias del corazón.
Porque luego me brindasen
después de tan duros daños,
espantosos desengaños
la constancia y la pasión.
　　Yo pensaba en mis delirios
volver al hogar paterno,
y encontrar un gozo eterno
en su asilo celestial:
y tras diez años de ausencia
de estudio y de afán perenne,
posar un beso solemne
en la frente maternal.
　　Pero un mandarín imbécil
alzó su mano sangrienta
y en medio de una tormenta
el porvenir se nubló:
no me arrepiento de nada
porque náufrago afligido,
al verme solo, perdido,
la libertad me salvó.
　　En vano me llama un pueblo
de déspotas, no de hombres,
aplicándome los nombres
del malvado y del traidor;
y en vano insulta y profana
la santidad del destierro,
mientras lame como un perro
las plantas de su señor.
　　En vano el tirano evita
que torne al suelo nativo,
y decreta vengativo
alguna bárbara ley,
porque tengo por más honra
ser libre "Filibustero"
que ser "pirata negrero"
y torpe esclavo de un rey.

Diez y seis de Agosto de 1851 en La Habana

Empieza su existencia alguna fuente
Cuando el pastor cansado
De su caminio en la mitad se para,
Y al clavar descuidado
Sobre un peñón la endurecida vara,
Derramándose el agua de repente
Regala al verde prado
Pirámides de espuma transparente:
Así también por la profunda herida
Del corazón del paladín sereno
Brotó toda la sangre ennegrecida;
Y la tierra indignada
No abrió siquiera para darle entrada,
Una grieta escondida
Por donde fuese a fecundar su seno;
Y en situación tan triste y tan acerba
¡La dejó derramada
Salpicando de púrpura la yerba!
¿Quién lavará la mancha vergonzante
Que cayó en aquel día
Sobre la espada de certero corte,
Que al reflejarle el rostro a cada instante
De espejo y mengua al español servía?
El Águila del Norte
Lanzóse al aire y al abrir sus alas
Hizo temblar el castellano solio,
Cirnióse en "Atarés" con desconsuelo,
Bebió la sangre, remontóse al cielo
Y vino al "Capitolio"
Para escuchar desde el nativo suelo
El eco del silbido de las balas.
¡Horror! ¡Horror! Del héroe moribundo
En los santos despojos
Halló placer la turba embrutecida,
¡Con ambas manos me cubrí los ojos
Por no observar el deshonor del mundo!
Allí se disputaron los malvados
El robo vil sobre el cadáver frío,

Y entre tantos horrores
Repartieron después desordenados
Las reliquias de amores,
Que con sarcasmo impío
Sirvieron de juguete a los soldados.
Allí el retrato del amigo amante,
El blondo rizo de una niña hermosa,
Con el rizo flotante
De una madre llorosa.
Allí el anillo que en la vez postrera
Gimiendo dio la prometida esposa;
Todo lo roba en su intención rastrera,
Ese tirano que con torpe saña
En demostrar se esmera
La ilustración y la piedad de España.
En vano busco en la española historia
En lugar de rigor y fanatismo,
Páginas bellas de virtud y gloria;
Pues donde alcanza a distinguir la vista
Siempre el cuadro es el mismo,
Copia del despotismo,
Triste reproducción de la conquista.
No cuando vio la Europa con espanto
Al déspota rival de Saladino,[43]
Por el rescate del sepulcro santo
Dejar una señal en su camino
De destrucción, rapacidad y llanto;
No cuando descendió la media luna
De la frente del moro,
Y al África volviendo sin mancilla,
Llevó como un recuerdo de fortuna
Por único tesoro
La llave de su casa de Sevilla;
No cuando los demonios de la guerra
Le dieron el pendón del feudalismo
Al guerrero de oriente,
Y vino luego y en la altiva sierra
Por sembrar el laurel del Cristianismo
Bajo el sol de los hijos de Occidente

---

[43]Sultán de Egipto y de Siria (1173–1193), héroe musulmán de la tercera cruzada que conquistó Jerusalén.

Con sangre humana se abonó la tierra.
¡Nunca, jamás, en su dolor profundo
Para que más de su dolor se asombre
Venganza igual ha contemplado el hombre!
Ni nunca vio con más desprecio el mundo
A los degenerados hijos de Pelayo,[44]
Que al verlos, ¡ay!, de la existencia al costo
Gozar lanzado de exterminio el rayo
Sobre "Atarés" el diez y seis de Agosto!
    ¡Horror! ¡Horror! Las cuerdas de la lira
Con esa misma sangre salpicada,
Recorro en vano con turbada mano;
La muda voz en la garganta espira,
Y es porque siente el alma atormentada
Que aquél que muere allí, ése es mi hermano.
    No hagáis alarde en el umbral del templo
Antropófago vil de ser un bruto,
Porque es mejor ejemplo
Tratar el prisionero como amigo,
Que destrozarlo con imbécil saña;
Más honra os diera algún crespón de luto
Porque es crueldad extraña
En el cráneo beber del enemigo
Y alzar en triunfo el pabellón de España.

Nueva Orléans, abril 1853

---

[44]Al referirse a los "degenerados hijos de Pelayo", noble visigodo, vencedor de los musulmanes en Covadonga en 718 y con el cual se inicia la Reconquista, adopta una posición mediante la cual unifica negativamente a todos los españoles.

En el aniversario del General López

(fragmento)

Confiando en Dios, en el vapor y el viento,
cruzaste el mar, y en la cubana tierra
saludaste el sol del campamento
pidiendo gloria, libertad o guerra.
Silbó la bala sobre el Cuzco ardiente
y a los redobles del tambor hispano,
bañado en sangre el liberal valiente
besó llorando el pabellón cubano.
Tú con los tuyos vencedor rompiste
las largas filas con potente saña,
y entonces humilde, temeroso y triste,
bajó sus ojos el León de España.
El rayo horrible al retumbar airado
la inmensa lluvia acompañando al trueno,
te vieron en los montes descuidado
con rostro alegre y corazón sereno.
Reverdecieron en tu frente entonces
ricos laureles de gloriosos días,
y al estampido atronador del bronce
otro laurel te conquistaste en Frías.[45]
Rica diadema que ante un sol fecundo
te diera un ángel con sus blancas manos,
para inspirar veneración al mundo
y honrar de nuevo tus cabellos canos.
¡Hurra!... clamaron tus amigos fieles,
¡hurra, Señor!... Y cuando el triunfo avanza,
marchítanse en tus sienes los laureles
y se viste de duelo la esperanza.
Asoma al labio yerta la sonrisa
de errantes campesinos y pastores,
dobla sus alas la voluble brisa
y se esconde gimiendo entre las flores.
El plátano sonante y majestuoso
rompe sus hojas en movibles flecos,

---

[45]Victoria de Narciso López en el Cafetal de Frías en la cual muere el general Enna, al cual derrota López por segunda vez.

huyen las aves hacia el bosque umbroso
y se disponen a nacer los ecos.

Núblase el cielo y cuando el sol se ausenta
cubre la oscuridad el horizonte,
y sale atronadora la tormenta
de las gargantas del altivo monte...

Perece el bueno, la virtud se humilla,
y en medio de estas ruinas y vestigios,
se salva la bandera de Castilla
para afrentar a los futuros siglos.

¡Mueres y en vez de lágrimas y duelo
te mofa el español con torpe aplauso,
mientras te ofrece Dios tocar al cielo
porque te vió subir por un cadalso!

¡Mueres y torna un esplendor que encanta
en lugar de una noche borrascosa
y cuando debe perecer la planta
promete vida en un botón de rosa!

Para nosotros se nubló ese día,
hirvió la sangre en las ardientes venas,
y en vano en la aflicción de la agonía,
pretendimos romper nuestras cadenas.

¡Tiempo vendrá en que armonioso canto
tu nombre al Cielo independiente suba,
y en lugar de ofrecerte acerbo llanto
mejor ofrenda encontrarás en Cuba!

Leopoldo Turla

¡Perseverancia!

Now, heart, thy nerve; forget thout are flesh, be rock.

Knowles

"Apoyado en el timón espero el día"

¡Sé firme, corazón! Sostén constante
De tu valor el indomable temple:
Del Gólgota el martirio no te espante:
Que la patria entre espinas te contemple
Llevar la cruz con ánimo gigante.
No vil flaqueza tus impulsos tuerza:
Nútrate la esperanza; en Dios confía:
A cada golpe de la suerte impía
Palpita, corazón, con doble fuerza
"Que apoyado al timón espero el día."

Hoy cubre el horizonte denso velo
Y el pie de un hombre nuestras frentes huella:
Mañana acaso en desnublado cielo
Súbito asome refulgente estrella
Que trueque en gozo nuestro amargo duelo.
Hoy a la par del brazo del patriota
Duerme el volcán que cauteloso hervía:
Pronto tal vez reviente en noche umbría:
Próxima esté la aurora o bien remota
"Apoyado al timón espero el día"

103

El hambre aqueja al mísero proscrito;
Y aunque su arada faz el llanto inunda,
Del cruel destierro en el jardín marchito
Busca una flor que espíritu le infunda
Y ahogue de su afán el hondo grito.
Al débil cuerpo la miseria postra
No al alma estoica que heroísmo cría:
Bello bajel de la esperanza mía,
Del hórrido huracán la furia arrostra
"Que apoyado al timón espero el día."

El alma del rebelde siempre alerta
Nutre en silencio su implacable saña,
Y alzarse audaz en negro club concierta,
Y el vuelo remontando a la montaña
Con ronco grito al déspota despierta.
Y el pueblo a combatir ardiente llama,
Y lánzase con bélica osadía
De la alma libertad por la ancha vía:
¡Salve, espíritu audaz!, tu ardor me inflama
"Y apoyado al timón espero el día"

¿Qué importa que almas flacas no pudiendo
La carga soportar del ostracismo,
A desaliento femenil cediendo
Se hayan postrado al pie del despotismo
De nuevo al yugo la cerviz unciendo?
Su fe sostenga imperturbable el alma
Y en medio de sus lágrimas sonría:
Ora la tempestad ruja sombría,
Ora el iris de paz brille en la calma
"Apoyado al timón espero el día."

¡Pobre de aquel que al recorrer la ruta
Áspera que le marca el cruel destino
Del labio aparta la fatal cicuta
Y ceja en la mitad de su camino
Pálido el rostro, el alma irresoluta!

¡Oh pecho sin valor! mi fe te aliente
A cada arpón que el hado hostil me envía
Opone mi virtud su adarga fría:
¿No ves cual llevo sin temor la frente
"Y apoyado al timón espero el día?"

❖ ❖ ❖

Para arrostrar del hado la aspereza
Tesoro es la virtud: con ella el hombre
Por medio de las breñas y maleza
Avanza con valor, sin que le asombre
La muerte amenazando su cabeza.
Ella del triste el ánimo levanta:
Si indigno error su paso descarría
Con luz del negro abismo lo desvía:
Sigue mi escudo siendo, virtud santa,
"Que apoyado al timón espero el día."

❖ ❖ ❖

Si espinas que añadir, hados tiranos,
Tenéis a mi corona de tormento,
Mi pecho descubrid, atad mis manos,
Y al corazón desnudo que os presento
Asestad vuestros dardos inhumanos.
Si fuerza es inventar uno tras otro
Martirios más horrendos todavía,
Vuestra cólera el alma desafía:
Llevadme al ara, preparad el potro
"Que apoyado al timón espero el día."

Oro

No; Dios no te formó, metal funesto;
El báratro[46] abortarte pudo solo:
Tú fuiste, sí, por la ambición fundido
Allá en las fraguas hórridas del orco[47]
Para regir con tu poder el mundo
Y en él fundar tu abominable trono.
    El interés y la codicia entonces
Ocuparon también el mismo solio;
Y los hombres vendieron sus conciencias
Y entregaron sus almas al demonio...
¡Maldito el hombre que excavó la tierra
Para buscar en sus entrañas oro!

    Tú del genio del mal sordo instrumento,
Das caza a la virtud, al vicio apoyo;
Tú con tu orín las almas emponzoñas;
Tú, cebo del cohecho y del soborno,
Tuerces la ley, y la justicia hollando
Hacen que triunfen la maldad y el dolo.
    Tú en la mano venal del asesino
De sangre tiñes el puñal del odio:
Contigo el seductor compra el deleite
Y arranca a la inocencia hondo sollozo...
¡Maldito el hombre que excavó la tierra
Para buscar en sus entrañas oro!...

    Por ti arrostrando la tormenta el nauta
Surca las olas del soberbio ponto[48] ,
Ávido el rumbo al África endereza
Do mísero vegeta un pueblo tosco.
    Allí de tribus que nacieron libres
Carga el bajel con bárbaro alborozo,

[46]Infierno.
[47]Reino de la muerte, infierno.
[48]Embarcación.

A los campos de América retorna
Y a un vil mercado los entrega el monstruo.
¡Vender así la libertad del hombre
Por sólo el interés de un lucro sórdido!...
¡Maldito el hombre que excavó la tierra
Para buscar en sus entrañas oro!

¿Y ese infando[49] metal, móvil de Judas,
Galardón de su crimen alevoso,
Del sacro templo en los altares brilla
Y de casta doncella en los adornos?
¡Ministros del Señor! No por más tiempo
De Dios la casa así manchéis de oprobio:
Sirva más bien para educar al pobre
Y dar a la orfandad hogar piadoso.
Corra el oro del mundo entre las manos,
No profane la paz del oratorio.
¡Maldito el hombre que excavó la tierra
Para buscar en sus entrañas oro!

¡Flamen[50] imbécil! Tú que con la alquimia
Quisiste en oro transmutar el plomo;
¿Por obtener quizás un don tan raro
Tu alma vendiendo descendiste al Cócito?[51]
Si al fin tu intento coronado hubieras
Llenando el mundo de esplendor y asombro,
¿Qué hubieras, di, con tus riquezas hecho?
¿Fundar a la virtud un templo hermoso?
¿Comprar un trono en tu ambición soberbia
Y el pie poner en la cerviz de todos?
¡Maldito el hombre que excavó la tierra
para buscar en sus entrañas oro!

¿Nunca os contó de la feroz conquista
La tradición los actos espantosos?

[49]Infame.
[50]Sacerdote consagrado al culto de un Dios; en este caso, el oro.
[51]Infierno.

¿Nunca os contó que de Colón la nave
Hordas nos trajo del infierno aborto
Y que un pueblo infeliz que aquí moraba
Víctima fue de esos voraces monstruos?
Pura entre ellos no más un alma había:
¡Las Casas[52] era, del Señor apóstol!
¿Cegarlos pudo el fanatismo acaso?
La sed del oro al crimen concitólos.
¡Maldito el hombre que excavó la tierra
Para buscar en sus entrañas oro!

Mártires que sufrís en el destierro
Presentad vuestros títulos gloriosos:
Levantad como Sócrates la copa
Y hasta las heces apurad el tósigo;
Poned cual otro Escévola[53] en la pira
Entrambas manos con valor heroico;
De Pellico[54] imitad la alta constancia;
Dejad que el cuerpo os descoyunte el potro,
Y el premio a tanto afán será el escarnio,
¡El cruel olvido, el bárbaro abandono!
¡Maldito el hombre que excavó la tierra
Para buscar en sus entrañas oro!

¡Ay del proscrito entre egoístas almas
Que el hambre postra en un jergón de abrojos!
¡Ay del cuitado que en la mar sucumbe
Buscando el puerto en el confín remoto!
¡Ay del que aspira a la fatal Granada
Vueltos al patrio hogar los mustios ojos
Y en ansia ardiente por beber suspira
El agua dulce del nativo arroyo!
¡Y en tanto la opulencia en su palacio

---

[52]Bartolomé de las Casas (1474–1566), llamado el Protector de los Indios, por su incansable actuación a favor de los derechos de los indios.
[53]Cayo Mucio Escévola, patricio romano que quemó su diestra para no acertar a matar a Porsena, jefe etrusco que sitiaba Roma.
[54]Silvio Pellico (1789–1854) escritor italiano autor de *Mis prisiones* en donde relata sus experiencias como prisionero político.

Disipa el oro entre el placer y el ocio!
¡Maldito el hombre que excavó la tierra
Para buscar en sus entrañas oro!

¡No ver la flor de la natal ribera
Dando perfume al céfiro, ni el róseo
Color que tiñe el vespertino cielo,
Ni su brisa aspirar en dulce arrobo!
¿Cómo esperar tal bien, náufragos tristes,
Ni que se aplaque el fiero mar, ni como
Próspero el rumbo dirigir al puerto,
Si su luz tutelar nos niega el polo,
Y a frágil tabla todos abrazados
Contra las rocas nos impele el Noto?[55]
¡Maldito el hombre que excavó la tierra
Para buscar en sus entrañas oro!

Opulentos señores que allá en Cuba
Vivís en la molicie y el reposo;
Esclavo de otro esclavo que os afrenta
Y huella audaz vuestros derechos todos;
Ilotas que sufrís sin que os indigne
La dura carga que os agobia el hombro;
¿Eco tendrá mi voz en vuestas almas
Si estáis al grito de la patria sordos?
¿En vuestros pechos el amor de patria
Helado habrá del interés el soplo?
¡Maldito el hombre que excavó la tierra
Para buscar en sus entrañas oro!

¿Las cívicas virtudes no os inflaman?
¿Por ventura en ninguno de vosotros
En pro de Cuba generosa late
El alma noble del Marqués del Toro?
¿Nunca sentís como sintió Bolívar[56]

---

[55]Viento del Levante, personificación del viento.
[56]Simón Bolívar (1783–1830), venezolano, caudillo de la emancipación hispanoamericana.

Oculto impulso, anhelo misterioso
De sacudir el yugo y las cadenas
Y alzaros como el águila del polvo?
No; que del lucro vil sentís el ansia
Y el bastardo interés os mueve sólo;
¡Maldito el hombre que excavó la tierra
Para buscar en sus entrañas oro!

¿No habéis visto jamás cuando la cara
Volvéis acaso indiferente en torno,
Una esclava infeliz que a solas gime
Y muda os pide en su dolor socorro?
¡Esa esclava infeliz es nuestra madre!
¿No daréis a su afán término pronto?
¿No la diréis abriendo vuestras arcas:
"Sé libre, madre; tu rescate compro"?
¡No, que del oro que guardáis la llave
Vuestras almas también cerró del todo!
¡Maldito el hombre que excavó la tierra
Para buscar en sus entrañas oro!

Cuando en el muelle tálamo de rosas
Os asalta implacable el cruel insomnio,
¿No véis del fondo de la tierra alzarse
Espectro acusador, lívido y hosco,
Imagen de los ínclitos patriotas
Que murieron lidiando por vosotros?
¿No véis sangre caer de la alta cumbre
Del Cuzco, de San Carlos y Cascorro?
¿Más pesa el oro en vuestra vil balanza
Que el timbre de esos mártires gloriosos?
¡Maldito el hombre que excavó la tierra
Para buscar en sus entrañas oro!

¿Pensáis que el pueblo envilecido duerme
Sin que cauto maquine alzarse torvo?
Cuando sufrir la carga ya no pueda
Y la medida al fin toque a su colmo,
Veréis libre cual torrente fiero

Romper del valladar el vano estorbo,
Lanzarse al valle, y ciego, irresistible
Los campos inundar bramando ronco.
Tarde será si imbéciles entonces
Osáis poner a su carrera coto.
¡Maldito el hombre que excavó la tierra
Para buscar en sus entrañas oro!

¿Teméis que audaz revolución estalle?
¿Darle impulso no osáis con noble arrojo?
¿Pensáis ya ver en popular tumulto
El sangriento puñal del demagogo?
¿Pasto del fuego ser vuestros palacios?
¿Ser presa del botín vuestros tesoros,
Y oír al pueblo que feroz se agrupe
Y grite a vuestras puertas rencoroso?
¡Maldito el hombre que escavó la tierra
Para buscar en sus entrañas oro!

¿Teméis la insurrección? ¡Almas cobardes!
¿Y no teméis al déspota ominoso
Que os marca con el sello del ludibrio
Y os roba sin rubor el patrimonio?
¿Y los títulos perder teméis acaso
Cuando los compra el que nació en el lodo?
¿Teméis perder el oro miserable
Que negáis a la patria codiciosos,
Y habéis puesto a merced del vil tirano
Vidas, riquezas, y el decoro propio?
¡Maldito el hombre que excavó la tierra
Para buscar en sus entrañas oro!

Al pueblo que trabaja por ser libre
Con patriótico ardor prestadle apoyo,
Y así no temeréis que en la ardua lucha
Os amague frenético en su enojo;
Ni abrase con las llamas del incendio
Vuestros campos y alcázares hermosos
Ni en vuestro hogar penetre cual bandido

Y amancille su honor con sangre y robo,
Y hollando vuestras vidas y blasones
Soberbio os grite con rabioso encono:
¡Maldito el hombre que excavó la tierra
Para buscar en sus entrañas oro!

Cuba la mano cual mendiga os tiende.
¿No le dará vuestra codicia un óbolo?
¿Del látigo sangriento lacerada
La dejaréis sumida en el oprobio?
Pobre bajel que el ábrego[57] combate,
Sin brújula, ni mano de piloto.
¿Asiendo su timón no haréis que al cabo
Bogar pueda feliz libre de escollos?
¿Qué tumba le dará vuestro egoísmo
Del fiero mar en el oscuro fondo?
¡Maldito el hombre que excavó la tierra
Para buscar en sus entrañas oro!

[57]Viento sur

A Narciso López

¿Quién más grande que tú?... Héroe ninguno
En la pasada edad ni la presente
Alza más digno la gloriosa frente;
Ni hay corazón magnánimo que abrigue
Tan noble abnegación, grandeza tanta
Ni en los Andes jamás cóndor alguno
Tendió más alto el vuelo soberano
Que tu espíritu audaz en noble empresa.
Quien así como tú se sacrifica
Por darle libertad a gente opresa,
El límite traspasa de lo humano,
Con su mismo Hacedor se identifica.

Llamóte Cuba en su congoja triste
Y tú a salvarla intrépido corriste.

Su escudo empero te negó el destino,
¡Oh, mísero adalid!, y al ir ansiosa
Tras flores bellas crédula tu mente,
Espinas ¡ay! para punzar tu frente
Hallaste sólo en tu áspero camino.

¡Volar a quebrantar con brazo fuerte
De un pueblo esclavo la cadena dura
Y recibir en galardón la muerte!
¡Cadalso hallar en vez de Capitolio!
¡A tan alta virtud premio tan bajo!
¡Tan vil salario por tan gran trabajo!
¡Caer la venda del fatal delirio
Para palpar la realidad desnuda,
Y en las sienes sentir la punta ruda
De la negra corona del martirio!

La túnica vestir del delincuente
Con estoica virtud... Doblar la frente
Como el humilde pecador contrito,
Sin murmurar, sin despedir un grito

De venganza o rencor, y dar al mundo
En el borde espantoso de un abismo
    Ejemplo sin segundo
De grandeza inmortal y de heroismo.

    ¡Émulo de Jesús, bendito seas!
¿Qué importa que hayas muerto en el suplicio
Y firme hasta las heces apurado
El hondo cáliz rebosando acíbar,
Si el lauro inmarcescible has alcanzado
De Washington, de Tell[58] y de Bolívar?

    Mas no impune, guerrero esclarecido,
Tu muerte ha de quedar: nobles cubanos
Aprestan ya las vengadoras manos.

    Ya se desborda el vencedor torrente,
Y está pronta a caer la ancha barrera
Que opone España a la veloz carrera.

    Ya su vano león pavor no infunde,
Que el rayo de la cólera divina
En tierra lo derriba y lo confunde.

    Pronta a brotar flamígera y ardiente
La chispa está que ha de prender la mina.
Se acerca ya la tempestad bramando....
      ¿No escuchas a lo lejos
Como voz precursora de venganza
El horrísono trueno retumbando?
¡Sí! Ya de Cuba la apagada Estrella
     De nuevo en lontananza
     Se alza más pura y bella,
Cobra esplendor, y en las tinieblas lanza
     Mil vívidos reflejos
Que a la patria sumida en la amargura
Paz prometen y sólida ventura.

---

[58]Héroe legendario de la independencia helvética de principios del siglo XIV.

Mira del tiempo en el abierto espacio
El bien que a Cuba le reserva el cielo.
¿No ves cuál se desquicia y se derrumba
El trono del hispano despotismo?
¿No ves cual se abre para darle tumba
La horrenda boca del profundo abismo?
Al pavoroso estrépito temblando
Las armas rinde el enemigo bando:
Pálida de terror la tiranía
Corre a esconderse en el averno oscuro:
El sol de libertad cual nunca puro
Presta su luz a tan solemne día.

¿No ves allá en el fondo del camino
Del polvo entre el confuso torbellino
Avanzar en belígeros corceles
Gallardos y bellísimos donceles?
¡De paz y libertad son los heraldos
Que vienen proclamando la victoria!
¡Qué porvenir tan bello nos espera!

Y a ti tan solo ¡oh mártir! deberemos
El don precioso de tan alta gloria.

¡Héroe tres veces grande sombra augusta!
Si en tu fatal sendero hallar pudiste
Roca Tarpeya en vez de Capitolio,[59]
Depón el ceño de tu frente adusta;
Que ya los buenos en tu honor preparan
Sobre las ruinas del ibero solio
La merecida espléndida apoteosis.

Tu estatua colosal de jaspe o bronce
En pedestal gigante colocada,
Erguida se alzará de lauro ornada
En el sitio fatal, sagrado ahora.
Do con brazo asesino
El déspota argentino

---

[59]El Capitolio era un templo romano dedicado a Júpiter en el monte Capitolina o Roca Tarpeya, una de las siete colinas de Roma, donde coronaban a los triunfadores. Cerca del Capitolio estaba la Roca Tarpeya desde donde se despeñaba a los traidores.

El dictado ganó de fratricida
Término dando a tu preciosa vida.

Allí a la luz del esplendente día
Que tu muerte alumbró lleno de pasmo,
Y vió de plebe vil el cruel sarcasmo;
Al eco atronador de los cañones
Saludado serás por todo un pueblo
Que rebozando en férvido entusiasmo
Te rendirá solemnes ovaciones.

Nueva Orléans, abril 21 de 1853

Dos mártires

en la muerte prematura de los patriotras
Manuel Higinio Ramírez
y
Pedro Angel Castellón[60]

¿Más víctimas, Señor...? ¿Ya por ventura
Premio en la tierra la virtud no alcanza,
Que así el rayo mortal tu mano lanza
Y así destruyes, Dios, tu propia hechura?
¡Pues qué! ¿Ya el alma acrisolada y pura
Peso no tiene en tu íntegra balanza?
¿Perder ya debe el justo la esperanza
De obtener lauro santo allá en la altura?

¡Y empero la maldad triunfa y se engríe,
Arranca a la inocencia amargo llanto,
Y escupiendo sacrílega tu manto
Con mofa audaz de tu poder se ríe!
¿Querrás que el hombre en tu bondad confíe
Y adore fiel tu dogma sacrosanto?
¿Y el réprobo en su error prosiga en tanto
Sin que en tus aras su flaqueza expíe?

¿Perdonas, Dios, al malo que te ofende
Y al bueno hieres con rigor extremo?
¡Alúmbrame, Señor! Sé que blasfemo,
Más mi pobre razón no te comprende.
El fanal de mi fe de nuevo enciende,
Que a oscuras va mi barca, roto el remo.
¿Qué mucho que zozobre, Dios Supremo,
Si tu diestra a salvarme no se extiende?

---

[60]Este poema está dedicado a Castellón, uno de los poetas de *El Laúd del Desterrado* que muere en 1856, y a Manuel Higinio Ramírez, que era profesor, y el cual se embarcó en una expedición para Nicaragua organizada por William Walker en 1855, donde murió en acción de guerra.

¡Ramírez...¡ ¡Castellón...! El alma en vano
Do quiera os busca y os demanda al cielo,
Que su hondo, inmóvil y tupido velo
No alcanza a penetrar poder humano.
Marchito ya vuestro verdor lozano,
¡Mártires del honor, qué triste duelo
Debe vestir la patria sin consuelo
Llorando mustia vuestro fin temprano!

Con voces de perdón al patrio clima
El déspota sagaz quiso atraeros;
Mas antes que a sus pies envileceros
Tuvisteis el honor en más estima.
Porque visteis del Cuzco en alta cima
La sangre de los mártires primeros;
Y en vez de patria preferisteis fieros
Hundiros del destierro en la honda sima.

¡Bien hicisteis, por Dios! De vuestra fama
El límpido cristal nítido brilla,
Pues nunca encallecisteis la rodilla
Doblándola ante el vil que nos infama.
Ni ardiendo aleves en infanda llama
Vender pudisteis vuestra fe sencilla
Que nunca el varón noble se amancilla
Ni cual otro Julián[61] perfidias trama.

El alma fuerte que en su fe persiste
Es cual la roca majestuosa y bella
Que al borde mismo de la mar descuella
Y el áspero huracán de espuma viste.
En vano el aquilón tenaz la embiste;
Que cuanto más infatigable en ella
El mar sus olas con furor estrella,
Más firme el choque, incólume resiste.

Esa roca inmortal es la constancia:
Ella del siervo las cadenas lima
Para que en dura esclavitud no gima;

---

[61]Se refiere al conde don Julián, gobernador de Ceuta, que traicionó al rey visigodo don Rodrigo y dio lugar a la invasión de los árabes en España.

Subyuga el tiempo, vence la distancia,
Al proscrito acompaña en pobre estancia,
Conforta su virtud, su pecho anima
Para que el hierro vengador esgrima
Y abata del tirano la arrogancia.

Nada empero os valió constancia tanta,
Nada esa heroica, indómita fiereza
De no rendir al yugo la cabeza.
¡Rendirla cuando al cielo se levanta!
Nada aquesa virtud tan noble y santa
Mostrada del destierro en la aspereza,
Si al fin la muerte con feroz crudeza
¡En vuestra sien posó su helada planta!

Y viva en vuestras almas la esperanza
De ver a Cuba independiente un día.
¡Qué amarga debió ser vuestra agonía
Esclava al verla, ¡opresa!..., en lontananza!
En ella un monstruo su poder afianza:
Mas presto acaso, enérgica y sombría,
Improviso retumbe en noche umbría
La voz de independencia y de venganza.

Cuando el fragor horrísono que forme
El trono del tirano en su caída,
Cuba hermosa y feliz con nueva vida
En república fuerte se transforme;
Y del poder sobre el escombro informe
La enseña de los libres nos presida,
Y el pueblo en pos bajo tan santa égida
El código del déspota reforme.

Cuando al eco marcial de la victoria
Palpiteis de placer en la honda huesa,
Entonces, ¡ay! vuestra virtud ilesa
Revivirá del bueno la memoria,
Porque el que muere en aras de la gloria,
Luchando por salvar la patria opresa,
Si al fin pierde la vida en la ardua empresa
Otra gana perínclita en la historia.

Degradación

¡Nargue du sot qui meurt pour la partie!
Béranger

¿Adónde vais, ilusos? ¿Qué delirio
Vuestra débil razón así trastorna?
¿Quereis trocar la palma del martirio
Y ese laurel que vuestra frente adorna,
Ganados ambos con esfuerzo bravo
Por el yugo afrentoso del esclavo?
¿No veis que vais, imbéciles, corriendo
A vuestra perdición? ¿La red tendida
No veis al pie del precipicio horrendo?
¿Quién os dará la mano en la caída?
¡Volved en vos...!...Mas ¡ay! en vano os llamo
Que sordos al honor no oís mi acento.

Id, pues, las plantas a besar del amo
Que ya os prepara rígido escarmiento,
Id a insultar con vuestra audaz presencia
De la patria infeliz el triste duelo;
Y roto ya de la vergüenza el velo
Aprended de adular la baja ciencia,
Y prestad vuestro brazo al despotismo;
Y cuando a combatir la trompa llame,
Y a bélica fiebre nos inflame,
Y en masa se levante el patriotismo
La vanguardia ocupad del bando ibero,
Y ardiendo en odio vengativo y fiero
Herid a vuestros míseros hermanos.

A la afrenta añadid el fratricidio
Y a la patria sumid en llanto eterno:
¿Qué importa este delito a la conciencia
Si una forzada, hipócrita clemencia
La puerta os abre del hogar paterno?

¡Dignos de loa sois! Necio mil veces
Aquel que apura del dolor las heces
Y de alta abnegación el alma llena

Por la mísera patria esclavizada
Rinde en ofrenda la preciosa vida!
¡Perder así la juventud florida!
¡Trocar por tempestad la paz serena
Cuando el mundo a gozar bello convida!
¡Trocar el césped de llanura amena
Por la maleza do la espina brota
En pos del vano lauro de patriota!
    ¿Qué importa, pues, la dignidad ajada
Si grato y muelle en la natal ribera
Un tálamo de flores os espera
Con cálices de mágico perfume?
    ¿Qué importa que el autócrata de Cuba
Vuestra cerviz con doble yugo abrume
Y ponga la mordaza en vuestro labio,
Si un astuto perdón hijo del miedo
Basta a borrar el recibido agravio?
    ¿Qué importa que os señale con el dedo
La severa opinión que no perdona,
Si en cambio de la mancha que os afea
Mostrar podréis doquiera la librea
Del ciervo vil que de leal blasona?

    Cuando del cielo a la onda tierra bajen
Las sombras de la noche misteriosas,
Y en el lecho dormitais de blandas rosas;
Si acaso algún recuerdo lastimoso
Llega a turbar vuestro falaz reposo;
Si de los bravos mártires la imagen
Terrífica y sangrienta
En lúgubre cadalso se os presenta
Al brillo macilento de la luna;
Si un ¡ay! involuntario se os escapa
Del embotado corazón; si alguna
Sutil espina os hiere la conciencia,
Dejad el lecho de engañosas flores,
Y ahogad en el festín y en los amores
El recuerdo y la imagen importuna.
    Y si hasta allí penetra en vuestro oído
De la patria doliente algún gemido
Que con los ecos del placer divague,

No a vuestros ojos asoméis el lloro;
Quizás entre brindis báquicos lo apague
De la orquesta el estrépito sonoro.
      ¡Reid, gozad...! ¿Qué importa la cadena
Que entrambos brazos sin piedad os ata
Reid, gozad, que el deshonor no mata.
      ¡Oh vilipendio! ¡Oh colmo de bajeza!
¡En varoniles pechos tal flaqueza!
¿No vale más mostrar el noble seno
De honrosas cicatrices todo lleno
Y en la gloriosa sien limpia guirnalda,
Que no en la frente del ludibrio el mote,
O las cárdenas manchas del azote
Que el látigo descargue en vuestra espalda?
      ¡Qué presto ingratos al olvido disteis
La sangre de los mártires sagrada
En hórridos suplicios derramada
Y aquella noble y tan valiosa vida
Por vuestra cara libertad perdida!
      Harto presto en verdad, el ostracismo
Entibió vuestro ardiente patriotismo
Sin duda en el destierro hallar pensasteis
Cómodo lecho de mullidas plumas
Do reclinar la fatigada frente,
Y opíparos banquetes, áurea opulencia,
No el áspero jergón de la indigencia,
Ni un pan de acíbar empapado en lloro.
      Sin duda en vuestro error hallar creísteis
Ribera sin escollo, aires sin brumas,
O lago azul de cándidas espumas
Cisnes de nieve en su cristal meciendo;
No borrascoso mar siempre rugiente
La nave del proscrito combatiendo;
O acaso reclinado sobre flores
Esperasteis libar en copa de oro
El néctar del placer y los amores,
No el cáliz de amargura rebosado
Hasta las mismas heces apurado.
      Del Gólgota al clamor la incierta ruta
En vuestro ardor patriótico juzgasteis
Breve el camino, fácil la jornada;
Mas ¡ay! no bien al empezar probasteis

La amarga hiel de la mortal cicuta,
Y abrumado de súbito sentisteis
El débil hombro con la cruz pesada
Y visteis con horror ante los ojos
Rudas malezas y ásperos abrojos,
El entusiasmo efímero perdisteis,
Y prefiriendo el yugo vil del siervo
Al duro afán de un ostracismo acerbo,
La cruz al suelo débiles lanzasteis
Y a vuestra humilde condición volvisteis.
　¿Y estos tus hijos son, mísera Cuba?
¿Prole tuya es aquesta degradada
Que a consumar tu perdición coadyuva?
　No; hijos tuyos no son madre cuitada,
Los que así te abandonan inhumanos
Al furor de tus bárbaros tiranos,
Ni los que al patrio hogar tímidos vuelven
A que les ate el déspota las manos.
　Hijos tuyos no son los que en el cieno
De la degradación se arrastran viles
Como en pantano inmundo los reptiles.
　Hijos tuyos no son esos bastardos
Que asestan sin piedad contra tu seno
De negra ingratitud los crueles dardos.
　Tus legítimos hijos son aquellos
Que arrostrar han sabido los rigores
Del áspero destierro entre dolores,
Y nunca han doblegado ante el tirano
Cual torpe siervos los altivos cuellos.
Tus buenos hijos son, ¡oh madre cara!
Los que en las filas del honor militan,
Y al verte atada con furor se agitan,
Y ardientes han jurado al pie del ara
Vengar con sangre tu afrentoso agravio,
Y arrancar la mordaza de tu labio,
Y a despecho del déspota execrable
Romper con brazo fuerte tus cadenas
Y dar felice término a tus penas.
　Cuando tan fausta aurora a Cuba alumbre,
Y arrojando la túnica de duelo
Y el yugo de tu odiosa servidumbre
Alces la frente con orgullo al cielo,

Y llena de placer batas las palmas
Y se ensanchen de gozo nuestras almas:
Cuando al golpe mortal que descarguemos
Tanto en su sangre el opresor sucumba,
Y de los hurras las alegres voces
Cual roncos truenos los espacios llenen,
Y al despertar los mártires resuenen
De ciprés en ciprés, de tumba en tumba;
Cuando a tus buenos hijos abrazada
A Dios bendigas por el bien que goces,
¡Oh!, no permitas, no, madre ultrajada,
Que los cobardes hijos que te afrentan
Y tus hondas heridas ensangrientan,
A ti se acerquen con fingido halago.
Recházalos de ti con fiero enojo
Y diles con dolor en tu sonrojo:
"Huye lejos de mí, prole maldita:
Con lágrimas y sangre está en mi mente
La negra historia de tu infamia escrita.
      El ser te di benéfica, y en pago
Me diste aleve cáliz de veneno
Y espinas añadiste a mi frente.
¡Víboras engendré para que el seno
Cual fieros escorpiones me rasgaran!
      Cuando esclava infeliz mustia gemía
Bajo el rigor del látigo encorvada
E imploraba piedad con la mirada,
¿Acaso de mi cuello arrebataste
Con noble esfuerzo la coyunda impía?
¿Tu brazo en la ardua lucha me prestaste?
¿Mis esposas intrépido rompiste?
¿Secó tu mano mi copioso llanto?
No, que mis penas al olvido diste
Y sola, encadenada me dejaste.
      Si ayer venderme pérfido pudiste,
Hoy que el cielo y la tierra te rechazan
No esperes que te abrigue con mi manto
Huye, tu infanda acción me inspira espanto:
Roto el vínculo está que a ti me unía:
No turbe nuestro gozo tu presencia
Ni insultes con tu faz la luz del día,
Ni implores tu perdón ni mi clemencia,

Ni madre en tu congoja me apellides
Porque no quiero título de madre
¡Del hijo infame del infame padre!"

Apuntes
crítico-biográficos

José María Heredia (1803-1839)

La trashumancia de José María Heredia se inicia desde antes de su nacimiento cuando sus padres, dominicanos, llegan a Santiago de Cuba con motivo de la invasión de Toussaint Louverture de 1801. Pertenece por consiguiente a una emigración de dominicanos distinguidos que se establece en Cuba a principios de siglo. Poco después del nacimiento de Heredia en 1803, la familia se traslada, sucesivamente y en un breve período de tiempo, primero a la Florida, después regresa a Cuba y Santo Domingo, a lo que sigue un período en Venezuela, un tercer regreso a Cuba, y finalmente México. Todo este recorrido no hará otra cosa que incrementar el amor por Cuba que va a sentir el poeta durante toda su vida, enraizado a un concepto de la libertad y la cultura que es abierto y configura el patriotismo del desterrado. En Venezuela vivió entre la ira, ante las crueldades del régimen colonial, y la admiración que despertó en él la lucha independentista. Aunque su padre, José Francisco Heredia y Mieses, era funcionario del gobierno español, su rectitud de carácter determinó su traslado de Venezuela a México, donde muere en 1820, cuando Heredia contaba diecisiete años, y tiene que asumir el cuidado de sus cuatro hermanas y su madre enferma.

A esta trashumancia se unirá una formación humanística fomentada por su progenitor, que lo encamina hacia los estudios clásicos. La precocidad va a caracterizarlo desde que traduce a Horacio a los ocho años. Su vida, a pesar de su brevedad, es difícil de resumir. Funciona como un vértigo, lo mismo que su obra, que también es difícil de sintetizar y cubre, además de la poesía, otros géneros: el teatro, el ensayo y el periodismo. En 1816 estudia gramática latina en la Universidad de Caracas. En 1817 empieza a estudiar leyes en la Universidad de La Habana. En 1819 prosigue sus estudios de leyes en la Universidad de México. En 1821 obtiene en Cuba el título de Bachiller en Leyes. En 1823 es nombrado abogado de la Audiencia de Puerto Príncipe. Ese mismo año es acusado de conspirar en una de las ramas de la orden de los Soles y Rayos de Bolívar e inicia su trayectoria de exiliado político, trasladándose a los Estados Unidos. En 1824 es nombrado profesor de lengua española en Nueva York. En 1825 publica en los Estados Unidos la primera edición de sus poesías, siendo un precursor de una lírica que se da a conocer, como único medio posible, fuera de Cuba. En conclusión, Heredia va y viene en movimiento constante.

Los criterios sobre su obra son disímiles y no vamos a intentar resumirlos. Angel Aparicio Laurencio ha puesto en tela de juicio las opiniones que se han expuesto sobre la misma, afirmando que "sobre las diversas influencias que pesan en la poesía de Heredia, ni se prueba ni se demuestra en ningún momento, con ejemplos, la huella de Cienfuegos, Meléndez, Quintana, Lista, Herrera, Cadalso, Byron y Chateaubriand... Estas afirmaciones, no obstante provenir de autoridades críticas y literarias, carecen de base y fundamento... En lugar de la investigación por cuenta propia, han preferido el camino fácil de reproducir y repetir las rotundas afirmaciones de Marcelino Menéndez y Pelayo, sin detenerse a comprobar hasta qué punto eran ciertas o falsas las afirmaciones" (Aparicio Laurencio, 28). Para nosotros, Heredia tiene una formación clásica que lo une a la poesía neoclásica que le precede, aunque será esencialmente nuestro primer poeta romántico. Más que armónico, sin dejar de serlo, es atrevido; pero no es un atrevimiento de estilo, sino de carácter. Con él se inicia la "gran" poesía cubana (en varios sentidos) unida a una marca de fábrica, el destierro, que, mano a mano, marchará inseparable en el desarrollo de nuestra lírica por cerca de dos siglos. Con Heredia se inicia la fenomenología del águila de dos cabezas o de la cara de Jano, que constituye la médula de la mecánica creadora del desterrado. Así Heredia escribe y publica fuera de Cuba. La constante cubana se vuelve un mirar hacia atrás, no importa el paisaje que vea: contempla el Niágara y ve las palmas, vive la circunstancia cubana y el paisaje se fija en la permanencia de la memoria. En el destierro tiene Heredia que producir sus mejores frutos y renacer de las cenizas. Su yo no se doblega. Al contrario, se engrandece. Manifiesta un férreo individualismo que acabará en desencanto frente a la mecánica colectiva y los hechos históricos. Es por eso que no se intimida ante el paisaje. Intrépido, su torrente interior no es menos fiero que el de las aguas que contempla en el Niágara, y en esto también da una clave del temperamento nacional. A pesar de ser hijo de padres dominicanos y de haber vivido fuera de Cuba la mayor parte de su vida (o precisamente por eso), Heredia es un arquetipo de nuestra nacionalidad que se refuerza en la trashumancia.

Es lógico que un libro del carácter patriótico y asociado al destierro como *El Laúd del Desterrado* se inicie con Heredia, no sólo como homenaje sino como definición. No es un poeta donde la palabra sea lo esencial, sino la exhuberancia de su yo. Arrogante, trata de tú al huracán, a las cataratas, a los volcanes y a las pirámides. No es de extrañar que con él se empiecen en las letras cubanas las definiciones monumentales de la Libertad y la Tiranía, con mayúsculas, y que se anticipe el desengaño.

El "Himno del desterrado", que inicia el libro, sirve para enfocar la atención en motivos reiterados, casi siempre con mucho menor acierto, por los poetas que le siguen. Pero al mismo tiempo, lleva el sello imborrable de Heredia, que vive la experiencia cubana dentro de fuertes convulsiones de polos positivos y negativos, en el vórtice del huracán histórico donde se dejan sentir sus agitadas sacudidas poéticas. Por eso, al sentir los latigazos del exilio político, expresa la ambivalencia antes-ahora, unida al espacio dentro-fuera. A la vida que Cuba le dió contrapone la opresión mortal de un presente donde se ve desplazado del espacio territorial. Del "tiempo que fue" al "tiempo futuro", pasando por un presente "errante", se mueven el tiempo y el espacio de su poesía. La polaridad positivo-negativa va de una Cuba anterior que le dio la vida a otra en presente que lo oprime y amenaza con la muerte. Sin embargo, el poeta siempre se encuentra dueño de sí mismo: "sólo el alma del alma es el centro". La entrega de Cuba, perennemente vestida de verde, ceñida de palmas y besando el mar, está dramática y románticamente invalidada por el tirano que la azota. Hay una relación personal y amatoria que configura una trilogía de un erotismo patriótico, a la que se opone el yo romántico de Heredia, desposeído de lo que le pertenece pero libre más allá del mar. El latido lírico herediano lleva a la constante convivencia y expresión de fuertes contrastes que son, a la larga, un conflicto dramático expresado poéticamente. A la entrega visual de Cuba, se opone una fuerte sonoridad donde "clamor", "gemir", "crujir" constituyen el sonido único que imposibilita toda conciliación armónica con un paisaje que es también historia. Este apasionado desarreglo compone la substancia romántica que puebla toda su poesía.

Heredia es, por consiguiente, un poeta eminentemente dramático cuyo dramatismo se basa en un concepto espectacular del mundo, con el cual establece una relación directa. Su visión es panorámica, y si enfoca su atención en lo minúsculo es para desplazarse después. Sol, mar, tierra, montaña, horizonte (es decir, espacio) abren el "himno", que sólo por un momento reduce su amplitud a nivel personal, familiar, minúsculo (amigo, amigas, hermanas, madre adorada), para amplificarse después en un lamento territorial: "Cuba, Cuba que vida me diste". Toma la nota menor y la eleva, de igual forma que se eleva él hacia las grandes manifestaciones de la naturaleza, o coloca su yo por encima de la persecución histórica. Gran romántico como Byron o Espronceda, su ego lo salva (líricamente hablando) de la opresión: la "prora triunfante" del barco en que navega: él mismo. Es, fundamentalmente, libre. Crea una poesía de interacción con el paisaje donde éste adquiere, a veces, un carácter apocalíptico, otras, patriótico, que produce el arrebato creador. Pero ante el espectáculo que le ofrece la naturaleza y la historia, Heredia acaba por ser el creador de sí mismo, sin atemorizarse jamás de la una o de la otra.

A pesar del espíritu huracanado que hay en Heredia, con él se manifiesta desde muy temprano en la lírica cubana un nihilismo que aparece confirmado por la historia y que es parte de un romanticismo intimista del cual es precursor. En él confluyen las dos vertientes románticas que van de la exclamación a la pena que languidece en el desencanto. Los fracasos independentistas, muy marcados durante esta primera mitad del siglo XIX, van a ir sumándose unos detrás del otro, hasta configurar, fatídicamente, "la estrella de Cuba", casi símbolo de la insignia nacional. Con "La estrella de Cuba" empieza a abordar Heredia ese concepto: el título funciona como profecía. Una noción fatalista sobre el destino de Cuba caracteriza los dos primeros versos del poema, anticipando un encadenamiento de la tiranía. La falta de acción y sacrificio personal, ya sea por complicidad o posición acomodaticia, proyectan la circunstancia histórica hacia un futuro indefinido: "bien le es fácil mudar de tiranos/ pero nunca ser libre podrá". Se da, además, el primer paso hacia una interpretación cainística de la existencia cubana, que no nos abandonará en dos siglos de luchas y contrapuntos ideológicos. Esta conciencia cainística, a nivel del libro que nos interesa, culminará de forma grandilocuente con Leopoldo Turla, manifestándose en Heredia de manera más comedida. Con Heredia se inicia un sentimiento de la inutilidad del esfuerzo. En todas las circunstancias tiránicas, como hemos apuntado en el prólogo, la complicidad con el crimen, individual y colectiva, innegablemente patente en Cuba, va resquebrajando las fuerzas del espíritu, acrecentándose el pesimismo, inclusive en un rebelde arquetípico como Heredia. Esta posición nihilista irá minando gradualmente el espíritu de los poetas de la generación de *El Laúd del Desterrado* que acabarán por sentirse en un callejón sin salida.

De otro carácter es el tercer poema, "A Emilia", que nos da una perspectiva más moderada del poeta, más a tono con un canon neoclásico y, a la vez, poseedor de un romanticismo más íntimo. Al adoptar el carácter de confesión casi epistolar, dirigida a "Emilia deliciosa", la voz lírica acrecienta su sinceridad. No es que sea más auténtica, sino que es más recóndita. Los motivos son los mismos y Heredia sigue navegando en su bajel, y aunque hay ciertas notas esperanzadoras, la tristeza es muy profunda porque el poeta va perdiendo el ímpetu. Aunque "libre por fin", "distante/ de tiranos y siervos", el paisaje ahora lo envuelve de una manera más desoladora. No es Heredia enfrentándose al Niágara o de igual a igual con el huracán. Los versos que se inician con "enfurecido/ brama el viento invernal..." hasta "...el mundo yerto/ sufre de invierno cruel la tiranía", se encuentran entre los más bellos y desoladores de la lírica cubana. La equiparación del invierno con la tiranía acrecienta la paradoja trágica del poeta desterrado que, libre al fin, se ve en las garras de una inclemencia natural de la cual no parece tener escapatoria. De esta forma, la ausencia del paisaje anterior, al que va a hacer referencia en la estrofa que le sigue, se vuelve presente bajo la opresión del invierno e intensifica el desconsuelo.

Consideremos por último que la libertad, el patriotismo y sus subsecuentes interpretaciones le van a jugar a Heredia una mala pasada, aunque nunca tan terrible como la que va a sufrir Juan Clemente Zenea. En 1836 le escribe al General Tacón una carta para que se le autorice visitar la isla de Cuba, acogiéndose a una amnistía otorgada por la corona, y de este modo poder ver a su madre y a otros familiares. En dicha correspondencia, Heredia manifiesta su desencanto respecto al destino que han seguido los pueblos latinoamericanos, que una vez conquistada la independencia se dejan sucumbir nuevamente bajo el despotismo. Dado el mal paso, la agresión fratricida se desencadena y un error, una falla en una vida ilustre y de sacrificio constante, comienza a perseguirlo. La división cainística en nuestra historia individual y colectiva, política y literaria, entra en juego en el callejón sin salida del ruedo cubano, con resultados nefastos.

Domingo del Monte critica al poeta y lo considera ángel caído. Con soberbia bíblica de Abel, le tira a Heredia la piedra de Caín. Esta posición de del Monte, que tenía sus propias fallas y debilidades, es una clave de la conducta "intelectual" cubana, que se autoaniquila dentro de sus propios círculos internos como si no fueran suficientes las presiones destructoras que se le ponen desde fuera.

Lamentablemente, Heredia era un visionario y su desaliento no era una equivocación, aunque sí lo fuera el destinatario. Es en ese momento cuando Heredia, poeta político, se da cuenta definitivamente quizás (aunque ya desde antes lo venía mencionando en otros textos menos comprometedores) de las falacias de la libertad y del gran carnaval de las tiranías continentales. Percibe la dimensión presente y futura de las "revoluciones" latinoamericanas, perpetuadoras de injusticias. Si bien es cierto que nunca debió escribirle al representante mismo del despotismo, por tratarse de un diálogo con el imposible, no es menos cierto que en lo cierto estaba. El apasionado de la libertad, el huracán y las vorágines, que ha volado por lo alto, es capaz de anticipar la sucesión de totalitarismo y corrupción que van a encandenar a los pueblos latinoamericanos, y a Cuba en particular, de un siglo a otro siglo. Dígase lo que se diga sobre su efímero retorno, lo cierto es que Heredia, que había estado por las galaxias, desciende en picada y desentraña la incógnita que hay detrás de "la estrella de Cuba".

Miguel Teurbe Tolón (1820-1857)

Miguel Teurbe Tolón nació en la ciudad de Matanzas. Con profesores particulares realizó estudios de latinidad, retórica, filosofía y ciencias naturales. En 1847, en la Sociedad Filarmónica, dictó un curso de Filosofía Natural, y su Curso Elemental de Literatura, en 1848, para estudiantes de la Universidad, fue altamente encomiado entre los círculos literarios matanceros. El elogio que le hace a Lamartine en su discurso sobre "Las influencias literarias en el progreso de las sociedades modernas" le ganó amonestaciones oficiales, dado el cariz revolucionario del poeta francés. Al ser Lamartine (1790–1869) un escritor romántico y político, su impacto era de esperar entre los poetas del período, ansiosos de encontrar un modelo liberador tanto en la política como en la lírica. En 1841 publica un tomo de poesía llamado *Preludio*. Colabora, además, en diferente medida, en diversas publicaciones: *La Aurora, La Guirnalda, El Aguinaldo Matancero*, de Matanzas; y en publicaciones habaneras: *La Prensa, El Faro Industrial, Flores del Siglo* y *Diario de Avisos*.[1]

Todos estos datos colocan a Teurbe Tolón como hombre de su momento, representativo de un carácter de la cultural nacional que se va a repetir una y otra vez en la historia de Cuba: minoría liberal, culta, activa, ávida de información en cuanto al quehacer literario y con una posición muy delimitada desde su edad más temprana. Su preocupación

---

[1]Estas publicaciones dejan un mayor impacto en la cultura cubana, ya que muchas de ellas sirven para dar a conocer la obra poética de la juventud liberal cubana y unirlos en una causa común: la independencia de Cuba. *La Aurora de Matanzas* se publicó entre 1828 y 1857. Además de publicar noticias gubernativas y reproducir noticias de periódicos españoles, publicaba trabajos de índole literaria, destacándose por el buen gusto de su impresión. De *La Guirnalda* no ha quedado ningún ejemplar, afirmándose que Teurbe Tolón era jefe de redacción; al no estar autorizada su publicación por el Capitán General aparecieron solamente seis entregas. *El Aguinaldo Matancero* corresponde a un tipo de publicación que se puso de moda durante la primera mitad del siglo diecinueve, conocida como "aguinaldo", en la que se reunían selecciones literarias en una determinada edición, como es el caso del ejemplar que publican José Victo-

por la literatura que se escribe fuera del territorio insular, por saber lo que está pasando en el mundo, muestra una pupila amplia que al mismo tiempo es activa, al estar vinculada a los modestos esfuerzos periodísticos que se van realizando en Cuba. Esto se complementa con el hombre político. Se ve envuelto en los proyectos revolucionarios de Narciso López y tiene que exiliarse en 1848, residiendo en Nueva York. Estos vínculos revolucionarios se mantienen en el extranjero. Forma parte de la "Junta Cubana" en los Estados Unidos, que organiza expediciones independentistas al suelo cubano, y muy significativamente, como señal indeleble de su cubanía, dibuja el escudo y la bandera que concibe López, que es la actual insignia nacional. Su esposa Emilia borda en los Estados Unidos esta primera bandera, que sirvió de modelo para la que se enarboló en Cárdenas en 1851.

Esta formación que se inicia en Cuba, va a enriquecerse con una participación en la vida cultural norteamericana, sin desligarse nunca de su identidad nacional. Sus nexos con el pensamiento americano se ponen de manifiesto al traducir la *Historia de los Estados Unidos* de Emma Willard (1787–1870), pionera en la educación de la mujer, y *El sentido común* de Thomas Paine (1737–1809), escritor político, teórico, controversial y revolucionario. Escribe además una obra de texto para leer y traducir el castellano, y practica la enseñanza. Todo este conjunto de actividades lo vuelven un precursor del destierro cubano hasta nuestros días, confirmando una contribución étnica hispano-cubana en territorio norteamericano que llega a la actualidad y que tiene un punto de partida político. Al ocupar el cargo de redactor de la sección hispanoamericana del *Herald* de Nueva York, su contribución lo coloca como precursor del periodismo hispánico en este país, particularmente a nivel de intelectuales y creadores que han buscado en la prensa un modo de participación activa, expresión artístico-ideológica y supervivencia económica. En 1856 publica sus *Leyendas cubanas*, donde incluye poemas agrupados bajo el subtítulo de "Luz y sombra". Aunque el

riano Betancourt y Miguel Teurbe Tolón. *La Prensa*, el de n.ás larga duración (1841–1870) tiene a su favor el haberle dado cabida a textos costumbristas. Aunque *El Faro Industrial* (1841–1851) era un diario de avisos políticos, mercantiles y económicos, en sus páginas aparecieron numerosos trabajos de índole literaria: poesías, relatos, novelas, críticas, reseñas, biografías, firmadas muchas de ellas por los escritores cubanos más importantes de la época. Algunos de estos nombres y otros nuevos se repiten en *Flores del Siglo* (con una primera época que va desde 1846 a 1847, y una segunda que empieza en 1852). Además de Teurbe Tolón, colaboraron Turla y Santacilia. *Diario de Avisos* (1844–1845) era esencialmente un periódico de anuncios económicos y mercantiles, aunque también publicó trabajos de carácter literario y cultural.

español es su seña de identidad creadora, es precursor de las letras cubano-americanas al publicarse poemas suyos, en inglés, en el *Waverly Magazine*, de Boston. La posición de Teurbe Tolón es radical. En 1851 el embajador de España en Washington le propone volver a Cuba y no lo acepta. No acepta tampoco la amnistía en 1854, a pesar de las súplicas maternas. Pero en 1856 se acoge a una amnistía general. En realidad, no hay claudicación: víctima de tuberculosis, regresa para morir, confirmando su amor a Cuba sin cambiar su posición respecto a la tiranía. Vuelve en agosto de 1857 y muere en octubre de ese mismo año, en Cuba, con tiempo para editar un tomito de versos, *Flores y espinas*.

La contribución de Teurbe Tolón a *El Laúd del Desterrado* es extensa, debido quizás a que la edición se publica un año después de su muerte, lo que convierte el libro en un tributo inmediato a su memoria. El escenario histórico-político domina su lírica, y el objetivo de la misma es el derrocamiento de la tiranía. La poesía es para Teurbe Tolón un acto de militancia, por lo cual se ajusta a una retórica donde se repiten una y otra vez, de forma parecida, una serie de temas relacionados con la situación política cubana y el destierro. Es, por consiguiente, reiterativa y, en su mayor parte, de una sola cuerda, en la que reincide hasta el cansancio, y que sin embargo, aún dentro de sus menores logros, tiene un sello de autenticidad. Según Juan J. Remos, se le ha considerado "uno de los más grandes poetas patrióticos de Cuba, por el énfasis con que expresa su pasión redentora, por el vigor con que subraya sus ideas y por la sonoridad de sus versos" (Remos, 258). Chacón y Calvo adopta un posición crítica más severa, afirmando que sus poemas "serán documentos inapreciables para la reconstrucción de nuestro pasado colonial, páginas vivas de la tenacidad heroica y el desprendimiento generoso de un grupo selecto de cubanos; pero juzgadas desde un punto de vista literario, aparecen más declamatorias que elocuentes y prosaicamente razonadoras" (Chacón y Calvo, 137). Pero es precisamente su circunstancia histórica lo que acrecienta el interés entre el poeta que clama por la acción, como meta, y el hombre que nunca llega a realizarla. Contrapone con frecuencia el escenario del pasado histórico con el presente, y cualquier otro escenario (escenario natural, escenario de eros) existe en función de la inmediatez histórica. No siempre, estamos de acuerdo, es una gran lírica; pero es siempre una lírica representativa de lo que el destierro ha sido desde el siglo pasado para la conciencia cubana, y del significado de las relaciones cubano-americanas dentro del contexto político. El sentimiento lírico se mueve en un péndulo que va de la lamentación a la toma de conciencia y a la acción, siendo, por consiguiente, una poesía de carácter eminentemente romántico y político.

El contrapunto entre la función de la escritura dentro del quehacer histórico y su relación con la acción directa, aparece expresado, a veces con una versificación torpe, descuidada y elemental; y otras veces con parciales y hasta ingeniosos momentos, en "La Pluma y la Espada". Al "colgada en la pared brilla una espada", opone el poeta, "húmeda está mi pluma en el tintero", y de ahí parte a un diálogo lírico, de cierto tono neoclásico torpemente expresado, entre la una y la otra. A la función de la pluma forjando la conciencia colectiva, se opone la participación directa de la espada como agente encargado de llevar a efecto el discurso ideológico de la primera. La oposición es más aparente que real, y Teurbe Tolón deja establecido como la una no puede existir sin la otra. El resultado es un poema de mérito limitado, que explica la razón de ser de su poesía. Si a la pluma corresponde la primera palabra, la espada tiene el privilegio de decir la última; mientras la espada despierta al poeta que la sueña, la pluma es desplazada, aunque la misma exposición de su "caso" hace ver la importancia que tiene en el proceso de forjar la acción bélica. Todo este razonar lírico lleva a la conclusión, expresada certeramente en el último verso del poema: "Te dejo, Pluma, para ceñirte Espada". Aunque Teurbe Tolón no llega a ceñir esta última, la función de la pluma en la mecánica de la historia queda claramente establecida en la voz de un poeta que veía en la escritura un ejemplo de militancia ideológica.

Sus poemas son básicamente el resultado de su condición de desterrado. Quizás sea "Resolución" uno de los que define con mayor precisión el significado del destierro que viven estos autores y que caracteriza la existencia cubana desde el siglo XIX: "Yo sin patria ni hogar, en tierra extraña/ Errante marcharé por senda oscura". A pesar de referirse a una circunstancia específica, la oferta de amnistía del gobierno español y las súplicas maternas para que vuelva a Cuba, Teurbe Tolón niega la posibilidad del retorno al recinto colectivo ("patria") y al individual ("hogar"), ubicándose en un escenario que no es suyo, en un movimiento traslaticio donde nada se ve. Es, por consiguiente, un poema definitorio, y el "brindis letal de la opresora España" es una imagen brutal donde contrapone la celebración de la tiranía ("brindis") y el resultado funesto de la misma ("letal"). La reiteración de la primera persona del singular identifica su voz, que no está dispuesta a comprometerse con el verdugo y que considera la imposibilidad del diálogo, sobre lo que no deja lugar a dudas.

En casi todos los poemas la conciencia del destierro significa fundamentalmente una ruptura del escenario geográfico. Esto lo lleva al retrato de sí mismo y de su circunstancia, lo que no se trasluce, necesariamente, en una gran poesía pero sí, la mayor parte de las veces, en un auténtico lamento. El título de "El pobre desterrado" define el carácter francamente penoso de esta circunstancia histórica: de ahí un tono sepulcral que caracteriza toda una lírica romántico-revolucionaria. El escenario natural juega, como en la mayor parte de la poesía cubana del siglo diecinueve, un papel político, ya que el distanciamiento de su "allá" o de su "allí" es una consecuencia "de la despótica España" que lleva a la contraposición de estos paisajes. Por consiguiente, evoca "flores" y "palmares", el espacio que no está. El poema está dividio en ocho partes formadas por dos cuartetas, terminando el último verso de cada una de ellas con la palabra "desterrado". Crea así su propio retrato. Todas las variantes que introduce en estos versos se refieren a una queja única cuya causa hay que buscar en la condición histórica cubana: la tiranía. Quizás ésta sea, en medio de todas las variantes que ha tenido nuestra poesía, el cordón que la ha unido siempre, y el despotismo y cl ansia de darle fin, han sido sus temas preferentes. El lamento, sin embargo, no acaba de producir la parálisis y la poesía siempre establece la posibilidad de la liberación mediante la guerra. Teurbe Tolón, como todos los poetas de nuestros múltiples destierros, responde a una cuerda histórica que define su dependencia a un espacio geográfico del cual se han visto separados.

Su lírica se construye hacia la acción, que es su objetivo, y está constantemente relacionada con el drama histórico del cual forma parte con nexos muy específicos, como el caso de "En la muerte de Narciso López," escrito en septiembre de 1851 con motivo de su fusilamiento. Las lamentaciones iniciales se cortan bruscamente hacia el final cuando propone la acción conducente a la sangre y a la muerte, a la guerra, único medio que puede llevar al descanso eterno del patriota "¡Duerme en paz: ya estás vengado!" Se trata de un poema histórico representativo del compromiso ideológico, que funciona como arenga directa.

Para Teurbe Tolón el problema nacional sólo puede resolverse mediante la acción de los cubanos. Esa meta permanece fija en cualquier camino tomado por su retórica. Va de la inactividad al movimiento, pasando por el lamento. En el caso de "La noche oscura" se identifica con un desplazamiento de la oscuridad hacia la luz. Hay una contraposición que se transforma en el llamamiento patriótico. Del "duerme, duerme" de un imperativo que se repite en constante estribillo al principio del poema, equivalente a la sombra, llega al "alzad alzad" del verso final, el cual ofrece una variante lumínica y móvil. La intensidad del sentimiento patriótico y la meta hacia la cual se dirige, sostienen el poema de principio a fin con un patriotismo y una fuerza romántica que bordea la desesperación.

El problema que se le presenta a Teurbe Tolón se manifiesta en el estado anímico que representa el exilio, suma de contradicciones emocionales. Si de un lado propone la guerra, como dice en "A Guaimacan", "grito de Libertad y no de llanto", de otro lado la impotencia, la frustración que representa el desarreglo entre el ideal (la Libertad) y la realidad (la Tiranía) lo arrastra hacia abajo en un estado depresivo que se vuelve lacrimoso lamento. Pero esta sensiblería de "pobre desterrado", que a veces no hace otra cosa que prorrumpir en sonoros "ayes" como en un coro de tragedia griega que profetiza lo peor, no hace más que debilitar el grito de guerra, manifestar la gran contradicción anímica que representa el ostracismo en que vive, el estado casi sicopático que significa esta impotente desproporción. De ahí que, "murmura ¡Libertad!", pero "llora y suspira". La conciencia del "letargo" lo sumerge en una condición de duermevela que es la circunstancia anímica de un poeta cuya sensibilidad se nutre en el destierro. Lo sostiene precariamente el paso de esta situación letárgica hasta un momento en que Cuba "llame luego a sus hijos desterrados, / Y ansiosos volarán, bravos soldados, / A vencer o morir bajo su Estrella!" El análisis de su obra nos lleva, entre repeticiones y flojos logros líricos, a la sicosis del proscripto, a la angustia de una existencia histórica colectiva que destruye al individuo, víctima del asedio, incapaz de encontrar la solución: dentro del grito de guerra puede escucharse el llanto, que es donde radica su debilidad, su fracaso y su significado.

Su definición de lo que es el destierro está asociada a acontecimientos históricos específicos que lo llevan a producir una poesía de mayor o menor altura referida a algún acontecer inmediato. Con igual intención que "Resolución", pero ubicado de modo muy específico aunque menos logrado, está el extenso poema "A mi madre", en el cual explica su actitud frente a la amnistía dada por la reina de España en abril de 1954. El poema le sirve también como reubicación espacial, donde palmeras, lomas, río y valle, así como elementos más inmediatos de su infancia (la calle y el hogar en que había vivido) se reconstruyen en la mente del poeta en Nueva York. La percepción del palmar cubano como una falange militar, da un idea de la homogénea visión de militancia que le confiere Teurbe Tolón a la lírica. Para él es inadmisible el retorno bajo la tiranía colonial y su posición es la de sacrificar sus sentimientos más íntimos a favor de una conducta irreprochable contra el verdugo. Esta problemática nacional subsistirá en la historia de Cuba y en su lírica hasta nuestros días, en que el cubano se ve atrapado entre los impulsos afectivos a nivel familiar en pugna con los intereses del régimen afianzado en el poder. Establecer un diálogo con la tiranía es un problema ético muy grande en la conciencia cubana. Lamentablemente, "A mi madre" es un poema muy endeble, aunque ha sido objeto de algunos elogios, quizás debido a las circunstancias que lo inspiraron. Hay que considerar, como queda apuntado con discreción en el prólogo a la edición original, que estos poetas escribían bajo unas presiones históricas que producían un verdadero cataclismo personal, lo que los llevaba a subordinar la perfección lírica a la expresión de estados emocionales individuales y colectivos.

Pobre también es "En la muerte de Trinidad Roa", sentido pero muy de circunstancia, donde la lírica sepulcral tiene un tono romántico y de cuadro pre-rafaelita, creando el lúgubre escenario de Trinidad Roa. Un cambio de métrica en el poema apunta hacia la intención política del mismo, la falta de libertad, a la que se contrapone la que hay más allá de la muerte, volviendo el texto, con una subsecuente transformación métrica, al tono inicial. Motivos semejantes se reiteran en otros casos, referidos a determinados hechos, como ocurre "En el segundo aniversario de 'La verdad'", en que hace referencia al periódico que publicaban los patriotas cubanos en Nueva York; pero en su "Contestación de un guajiro", que escribe como respuesta a la carta autógrafa de la Reina de España a los cubanos en octubre de 1851, la tónica adquiere un cariz popular que lo hace más prosaico pero mucho más entretenido. El tono satírico lo distingue de todos los otros. La distancia existente entre el campesino cubano y la Reina de España, funciona con mucha efectividad. En su falsa circunspección cumple una función de descaracterización jerárquica que se acerca al "choteo", manifestación humorística muy representativa del carácter nacional. La respuesta del guajiro queda satíricamentre expuesta cuando dice que "aunque al rústico se esconde / del bien criado la escuela", bien sabido es que "el bien criado responde / con una esquela a otra esquela". El carácter irónico-satírico está ingeniosamente expresado la mayor parte de las veces y el poema cierra, con una nota inesperada y quizás poco característica del autor, la selección lírica que lo representa.

La "Libertad" como objetivo se pone de manifiesto constantemente. Las dificultades que se les presentan a los cubanos para obtenerla, se vuelve obsesión de la vida y de la lírica. Mientras la mayor parte de los países latinoamericanos conquistan su independencia para 1824, Cuba, aislada por su condición insular, no va a poderla lograr hasta fines de siglo. "La fe de los cubanos en sus libertades es uno de los capítulos más hermosos de la historia de América, renovada constantemente en el afán inmortal de sus generaciones sucesivas. Todos cuanto han intentado el despotismo, la tiranía, han tropezado con ese amor del cubano a su libre albedrío" (Márquez Sterling, 81). En última instancia es el tema único, o cuando menos dominante, ya que al no conseguirse y anhelarse se seguirá repitiendo una y otra vez en el transcurso de nuestra poesía.

Arquetipo del poeta comprometido con el ideario, Teurbe Tolón no puede entender la poesía de ninguna otra forma. Así ocurre en "Canto de un desterrado". El poema existe hacia esta meta afirmativa donde se conjugan la acción y el ideal. Líricamente por debajo de todos los previamente mencionados, ocurre otro tanto en "A.F.H.", donde la "Libertad" convertida en concepto forma parte de un proceso de gestación que amamanta a la criatura, por la cual es preciso morir para salvarla. La meta es la misma, pero el desarrollo es torpe, aunque la acción como móvil final queda reiterada una vez más.

La imposibilidad de llegar a la meta, como en una carrera de obstáculos, crea extremos de exaltación y depresión. En "Siempre" vuelve a reiterarse la conciencia del espacio que equivale a un extrañamiento donde el ámbito inmediato le es ajeno mientras que el suyo es el distante. Este corte configura una otredad espacial que también es personal. Se existe en la medida de lo que falta; se es completamente en el otro (o lo) que no se tiene. Este desajuste anula la existencialidad misma del individuo, que subsiste en una nada que además de fragmentada es enajenante. El territorio "rico y libre" que lo cobija, acrecienta por oposición la ausencia de tales nutrientes en lo que, siendo de uno, se nos quita y de donde se nos expulsa. Se configura un estado anímico que se trasluce líricamente en el tono lúgubre: "encierro solitario" donde se encuentra "en un sudario". La configuración del paisaje en que está enajenado ("pardo cielo", "sol que parece frío") está impregnada de un romanticismo que también es existencialismo histórico: "pasado ya muerto", "porvenir enlutado" y, más allá, "sepulcro abandonado". Naturalmente, se trata de un estado de absoluta depresión que conduce, más que a la meta (la libertad de Cuba) a la autodestrucción.

A su vez, un fenómeno opuesto puede tener lugar, llevando a la exaltación. "Himno de guerra cubano", de corte rápido, agresivo, directo, puede considerarse, en este sentido, uno de sus mayores aciertos. De tónica esproncediana, es su "canción del pirata" y se caracteriza como "himno de guerra" en que elimina las flaquezas individuales del estado depresivo del exiliado político, transferidas a una acción que es segura, firme, y está dispuesta a alcanzar su meta. Es casi palpable que Teurbe Tolón lo crea con una conciencia de "himno nacional", como después se pondrá de manifiesto en el primer verso del nuestro himno: "Al combate corred bayameses…" El poema de Teurbe Tolón, de principio a fin, tiene la sonoridad rítmica de Espronceda desde los primeros versos: "que silben las balas, / que truene el cañón", acción de guerra directa, hasta los últimos donde: "Valientes rompamos / el yugo maldito, / alcemos el grito / de la Libertad!"

Si actuar contra tiranía es una propuesta móvil; no actuar puede ser un acto de resistencia pasiva que configure otro modo de conducta frente a la opresión. Tal es el caso de "Cantar de las cubanas", cuyo cantar ha de ser el silencio. El imperativo masculino de un "destrenzad" que inicia el poema, pide la inacción de la mujer como respuesta al abuso de la dictadura, pero marca la unión del eros masculino al eros femenino representado por las cubanas. El poeta compone un coro donde el destrenzamiento inicial está enlazado a un "lloremos" unificado. La primera persona del plural, que domina el poema, sirve de resistencia colectiva, y desde la distancia newyorkina en la cual Teurbe Tolón lo escribe, propone la unidad de la mujer en favor de la Patria y frente al Tirano que la usurpa. El contrapunto entre el escenario de eros y el escenario de la historia entra en juego cuando "las voces del placer" se vuelven "hondo gemido". La liberación de eros sólo puede llevarse a efecto mediante la liberación histórica: cuando los "nobles amadores / hierro empuñen". Esta visión colectiva de la mujer cubana se individualiza en "A una cubana", confirmando el hecho de que historia y eros forman una unidad indisoluble. El escenario del amor es el escenario de la historia, donde el poeta es víctima de la suerte y del oprobio, ocasionado por el "Déspota insolente" que tiene cautiva a la amada. Por consiguiente, la plenitud de eros no puede hacerse realidad debido a la intromisión de la historia. El triángulo amoroso es triángulo histórico, que sólo en himno de guerra puede superar su circunstancia.

En esta politización de eros, toda relación con la mujer cae dentro del ámbito histórico, como ocurre en "A Annie Horton", en el cual la penosa circunstancia del destierro adquiere sus matices más lacrimógenos. Teurbe Tolón llega a un punto de saturación. Aplica el lugar común al referirse a la mujer y al desterrado, recargando el lamento de tal modo que va y vuelve una y otra vez al mismo punto, casi en un estado de morbosa desesperación que se expresa a través de una poesía que sólo se sostiene a consecuencia de la circunstancia histórica que hace al poeta tan desgraciado. En realidad, la poesía se vuelve historia. Da la dimensión de lo que el destierro pudo representar para Teurbe Tolón en particular y para los cubanos en general. Es una retórica de la historia donde la literatura pasa a ocupar un lugar subordinado.

La desubicación que representa el exilio político tiene una serie de consecuencias bipartitas, ya que el desterrado vive en contextos duales de la cultura, la historia y la geografía. En "A Guaimacan", mencionado previamente y escrito con motivo de la publicación, por otro poeta cubano, en Cuba, de unos versos titulados *La Estrella de Cuba*, une el espacio lírico de "la voz valiente del robusto canto / Que allá en las playas de la triste Cuba" con el de "acá en el Hudson en la margen fría". En "Canto de un desterrado" el puente se vuelve a tender: "a través de los mares escucho / de mi Cuba el doliente gemido..."; temática fundamental que define la condición interna del destierro.

Recursos similares va a utilizar en "A los matanceros", que escribe con motivo del levantamiento que tiene lugar en la provincia de Camagüey en julio de 1851. En este caso conjuga escenarios múltiples: el grito de libertad camagüeyano, a orillas del río Tínima, tiene su eco "en el hondo valle y en la agreste entraña" del valle de Yumurí, mientras desciende del Pan de Matanzas. La voz de guerra se expande de una provincia a la otra. La poesía de Teurbe Tolón va del río matancero, San Juan, al camagüeyano, Tínima. El concepto de una movilidad revolucionaria dada por estas asociaciones, se acrecienta con el grito de "adelante" que le sirve a Teurbe Tolón para incitar a la acción. A los efectos, entrelaza el escenario del poema anterior, el del Pan de Matanzas, con el escenario del presente, el del Valle de Yumurí, de lo elevado a lo profundo. Nuevamente es un poema donde la naturaleza funciona con contenido político activo, como vasto plan de guerra.

La confluencia del espacio geográfico y el histórico culmina en "El Pan de Matanzas", uno de sus poemas más ambiciosos. En la primera parte, la hipérbole de la montaña matancera queda conjugada con las nubes, el sol y el horizonte. La insignificancia de la voz se eleva y al hacerlo se identifica con la plenitud del Pan, adquiriendo autoridad, hasta el punto de demandar que la recoja, la escuche y le responda. Al mismo tiempo, se va configurando el Edén matancero. Pero esta naturaleza sucumbe a la historia, y en el espacio histórico encuentra la propuesta que, por distanciamiento primero, y acercamiento después, resulta contemporánea y directa. Al recrear la matanza indígena que tiene lugar al principio de la conquista y colonización, hace palpable la maldad del conquistador y la inocencia del conquistado, transfiriendo la culpa a la "lástima" presente.

La primera parte del poema termina con el proceso de identificación de las dos voces, la del poeta y la de la montaña, en tanto que la segunda tiene un fuerte cariz romántico, donde la nota dominante es un activismo natural del que emerge una figure colosal. Esta creación mítica está cubanizada por el componente vegetal que le sirve de marco y decorado, particularmente las palmas que coronan su frente. Después el coloso se dramatiza, a través del gesto mediante el cual se encorva y se torna al paisaje. Lo que intenta Teurbe Tolón es una composición mítica cubana que se encuentra trabajada a través del paisaje, decorada la figura con una corona del árbol nacional, pero que encorva al final con un propósito dramático de ramificaciones políticas.

Mientras la tercera parte está compuesta como un gran lamento, y es en definitiva la más floja, la cuarta trata de recobrar el brío inicial. Su fuerza y su flaqueza son una consecuencia de la inmediatez del discurso histórico. Es cierto que todos los componentes del poema están acondicionados por esta politización histórica, pero no es hasta el final que el grito de acción directa tiene lugar. El "cubano" es para Teurbe Tolón la criatura que debe decidirse a actuar y los términos históricos y definitorios del discurso lírico quedan claramente expuestos.

Este objetivo histórico no se pierde ante el paisaje, sino que se acrecienta. "En una excursión por el río San Juan", la aparente ligereza de la improvisación se halla enriquecida en toda su primera parte gracias al recorrido por elementos naturales que se suceden unos tras otros. No deja de ser interesante observar que esta conciencia del paisaje en la poesía patriótica anticipa el "ciboneyismo", movimiento poético que se inicia en Cuba con *Cantos de Siboney* (1855) de José Fornaris (1827–1890) y que es una variación de la poesía indianista hispanoamericana. En este poema, con algunas referencias léxicas indígenas y una presentación idílica del paisaje natural, Teurbe Tolón recrea un escenario paradisíaco, que no existe en el medio urbano sujeto al coloniaje. De ahí el carácter del vocabulario. La embarcación ("guario") donde va el poeta, avanza entre manglares y bejuqueras. El sentido del paisaje se vuelve significativo. El manglar juega un papel importante en ciertas regiones de Cuba, y con frecuencia las semillas del árbol germinan dentro del fruto, sin desprenderse de éste, dejando salir unas raíces enormes que se multiplican fácilmente y forma una vegetación inextricable. Las bejuqueras, por su parte, son plantas de tallo voluble y sarmentoso que se adhieren a los árboles. Esto le da un carácter autóctono a un paisaje que se afianza en sí mismo, con persistencia que le es intrínseca. El jagacatí y el manjurarí, voces indígenas de peces que abundaban en los ríos cubanos, manifiestan su independencia, pero la presencia de las aves es lo que realmente cubaniza la circunstancia lírica con un significado adicional dado por el mayo y el tocororo. El primero, con colores lustrosos en negro y verde, es ave trashumante, que forma bandadas en ciertas épocas y emigra a los Estados Unidos en febrero, donde habita en las marismas. Pero a la libre movilidad del mayo, que puede irse, se opone la inmovilidad del tocororo. El tocororo es una de las aves más brillantes en su género y sólo ha sido encontrada en Cuba. Esta dualidad corresponde casi a un ritmo histórico, partir y quedarse, que forma parte del devenir cultural cubano. No hay indicación alguna que Teurbe Tolón estuviera trabajando los elementos naturales con esta intención, pero su presencia les da la intención misma e invita a esta metáfora del desasosiego. Especialmente el tocororo toca una fibra asociada con la música de *El Laúd del Desterrado*, como si fuera parte de la lira del proscripto. Por la tarde y por la mañana emite un canto lastimero, repetido en largos intervalos, afirmándose que al amanecer lo hace para hacer salir el sol y por la tarde para que se oculte. De esta forma la sonoridad del ave está asociada a un contrapunto visual. En medio de las sombras, clama por la luz, para volverse a sumergir en una sombra de la cual no puede salir del todo. Este gradación del color que corresponde a una gradación del estado sicológico del poeta, se ve claramente en otros poemas de Teurbe Tolón. La metáfora del desasosiego corresponde al significado último del "laúd del desterrado". La ansiedad de sol, de amanecer, forma parte de la ideología lírica del libro, donde la poesía de Teurbe Tolón funciona como llamamiento. Pero al mismo tiempo, el canto del tocororo se ha identificado con el lamento, lo que implica también un nexo con la noche del destierro que viven estos poetas. Más todavía. El tocororo es un pájaro solitario, alienado, caracterizado por su inmovilidad, ya que puede permanecer en las ramas de los árboles, por horas, sin moverse y como si durmiera. Esta persistencia en la inmovilidad, que desespera a Teurbe Tolón en su himno dirigido a la acción (y que desespera al destierro en general) refleja otro matiz interno del exilio político, fijo también en la contradictoria inmovilidad de un espacio trashumante, ya que no puede escapar a su paisaje nativo. Si a esto agregamos su vulnerabilidad, ya que por su inmóvil soledad y por lo preciado de su carne es un pájaro fácil de matar y objeto de deseo, el tocororo se convierte en un ave representativa de la poesía de Teurbe Tolón, la de los otros poetas del libro, del destierro cubano en general y, en definitiva, de la existencia cubana, que puede verse como un lamento del tocororo.

El momento histórico de este paisaje es precolonial, procedimiento utilizado en "El Pan de Matanzas", que reubica el paisaje en una circunstancia indígena precolombina. La aparición del término *libre* en cursiva, referida a la placidez del paisaje, interrumpe la dirección del poema y define un nuevo escenario. La presencia de un poeta indígena, que se presupone muerto en las aguas del San Juan, escenario de matanzas durante la conquista, es una proyección de sí mismo dentro del absoluto del tiempo histórico que representa el poema. Al quedar interrumpida la tranquilidad bucólica de la libertad del paisaje primigenio y al transferir el crimen al momento presente, el espacio histórico cumple su objetivo con la propuesta de salida del letargo y la de asumir la resposabilidad que la emancipación representa, no como lánguida cursiva sino como grito de acción de guerra. El canto aislado del ave se transforma en un areito ("areites") indígena, baile colectivo de los indios cubanos, despertar que anuncia el amanecer del tocororo.

El destierro significa la existencia de dos espacios territoriales e históricos cuyo corte nunca se completa. De completarse, el desterrado dejaría de serlo, asimilado por completo a una nueva geografía y a una nueva historia: esta percepción del mundo es lo que distingue el exilio político de cualquier otra alternativa de la emigración y la inmigración. Un desterrado es mucho más que un emigrado. El léxico es determinante y esto explica el énfasis que se la ha dado en la historia cubana contemporánea. La conciencia del destierro consiste precisamente en la inescapable circunstancia que imposibilita el corte. Y en esto reside todo el significado de la poesía de Teurbe Tolón. En el vuelo del mayo siempre se escucha el canto del tocororo.

José Agustín Quintero (1829-1885)

La literatura cubana del siglo XIX y el XX sólo puede entenderse correctamente si la consideramos como toma de conciencia política. Toda aproximación apolítica a la mayor parte de nuestros textos es falsa en la medida que pretende ser objetiva, ya que el escritor se ha visto y se ve dentro de una realidad histórica que imposibilita el apoliticismo. La crítica no puede serlo tampoco; mucho menos en los casos en que el escritor toma una posición política explícita. Por otra parte, todo análisis del destierro décimonono lleva a la larga un trazado paralelo con el que tiene lugar en el siglo XX.

Con José Agustín Quintero entramos en un territorio muy preciso que llamaremos "santuario". Para los escritores de *El Laúd del Desterrado*, los Estados Unidos era el santuario de la libertad en oposición a la persecución ideológica que toda tiranía representa. No deja de ser algo paradójico ya que, como hemos observado, las manipulaciones del gobierno de los Estados Unidos y su posición hegemónica socavaron las posibilidades de la independencia cubana.

José Agustín Quintero, hijo de madre inglesa y padre cubano (que deja sentada una formación bilingüe) estudió en Cuba en el colegio que dirigía José de la Luz y Caballero. Posteriormente realizó estudios avanzados en la Universidad de Harvard. Vuelve a Cuba en 1848, pero tiene que irse nuevamente al verse complicado en conspiraciones separatistas. Se escapa de la prisión y pasa a residir en Louisiana y Texas, donde obtiene título de abogado." Su obra literaria anda disuelta en periódicos y revistas. Cultivó la poesía de carácter bíblico en la lengua de Poe, a la que legó una joya en su soneto "Jerusalén", y virtió del inglés y del

alemán al castellano versos de Longfellow, Uhland, Schiller, Tennyson y otros" (Carbonell, 20). En cierto modo, al cultivar la lírica en castellano y en inglés, se vuelve precursor de la lírica cubano-americana del siglo XX. En Nueva Orléans dirigió la revista "La Ilustración Americana" y trabajó como notario público. Al estallar en 1861 la Guerra Civil norteamericana luchó activamente junto a los confederados. Producto de esta experiencia fueron unos *Apuntes biográficos* sobre el mayor general norteamericano Juan Antonio Quitman[2] y su silva "Memorias del alma", donde muestra su admiración por varios militares sureños. Con un tono clásico y a la vez intimista, destaca al mismo tiempo su agradecimiento por la hospitalidad de que había sido objeto. Comprometido con su patria, sabe también hacerlo con su santuario, de acuerdo con lo que él considera justo:

> Volé a llenar un puesto entre las filas
> De una heroica legión, y mi existencia
> consagré en el altar que un pueblo culto
> exigiera a su santa independencia. (Carbonell, 26)

Cultura e independencia frente a barbarie y tiranía, son los valores que descubre en el santuario que lo protege, y la ética de la amistad lo lleva una vez más al compromiso de carne y hueso con los hombres con los cuales ha convivido. El tono majestuoso y helado del quehacer neoclásico, se humaniza y democratiza con sencillez americana (en el sentido anglosajón del término), íntima, familiar, y extiende martianamente "para el amigo sincero", su "mano franca":

> Lamar[3], incomparable en la tribuna,
> Inspirado poeta, en lid un rayo,
> a ti, mi buen amigo,
> que compartir supiste

[2]John Anthony Quitman (1798–1858) fue un general norteamericano que combatió en la guerra entre México y los Estados Unidos, luchando en Monterrey, Veracruz y Chapultepec. Posteriormente fue un representante a la cámara por el estado de Mississippi.

[3]Mirabeau Bonaparte Lamar (1825–1893), que fue presidente de Texas de 1838–41, logró el reconocimiento de la independencia de Texas por varios países europeos, dejó sentadas las bases del sistema educativo del estado y fundó su capital, Austin.

tu hogar y pan conmigo,
¡yo os consagro un recuerdo! (Carbonell, 28)

Obtiene la ciudadanía estadounidense y en 1861 recibe instrucciones de Jefferson Davis[4], presidente de los estados sureños, de ir a México en una misión secreta. Todo esto nos presenta a Quintero como un poeta y patriota cubano que establece estrechos lazos con la vida norteamericana, arriesgándose en las luchas internas que dividían a este país. Quizás sea, de los poetas del grupo, uno de los que presenta mayor arraigo al país que le da acogida. Su identificación con la vida norteamericana parecer hacerse a nivel profundo, incluyendo la práctica profesional, otra característica que lo asocia con el éxodo contemporáneo. Al tomar partido durante la Guerra Civil, es evidente que cree estar al lado de la justicia y el patriotismo, aunque éstas estuvieran asociadas con la esclavitud:

Mas quiso el hado
que la fuerza brutal, no el heroísmo,
decidiése la lucha, que no siempre
logran vencer la justicia y el patriotismo
(Carbonell, 27)

Lo más probable es que su visión de la hermandad de clases sociales en la lucha por la libertad no se extendiera a la hermandad racial. Quizás fuera el nexo establecido entre la sociedad cubana y la sureña; quizás percibiera la hegemonía del Norte sobre el Sur, sintiéndose en la obligación de luchar al lado de éstos y unirse a ellos como deuda de gratitud, ya que lo habían recibido hospitalariamente y con los que tenía lazos personales.

En México, pelea a las órdenes de Juárez, se casa con una mexicana, hace la reválida en la Universidad de México de su título de abogado, y reside allí hasta que termina la guerra separatista, trasladándose posteriormente a La Habana, donde se propone establecerse ejerciendo la abogacía. No logra hacerlo porque el gobierno colonial no le autoriza el ejercicio de la profesión. Estos intentos de reajuste coinciden con el período de la Guerra de los Diez Años, pero "durante los diez años de la década histórica, la vida del inquieto adalid se desvanece. En vano he

---

[4]Jefferson Davis (1808–1889) fue presidente de la Confederación (1861–65) y su administración se caracterizó por un fuerte poder centralizado. Durante la Guerra Civil norteamericana fue capturado en Fort Monroe y después encarcelado por dos años aunque nunca fue juzgado.

hurgado en los archivos para seguir sus pasos. Relativamente joven todavía, y avezado al combate, no sospecho el motivo por el cual no prestó a Cuba el concurso de su brazo, pero no es de presumir que se hubiera extinguido su amor por la tierra de su nacimiento" (Carbonell, 29). En todo caso, por desconocimiento, no es posible establecer un juicio sobre su conducta y sus motivaciones. Regresa después a los Estados Unidos, donde muere, en Nueva Orléans, el 7 de diciembre de 1885.

Quizás Quintero represente también la imposibilidad del retorno dentro de la mecánica del destierro: no se puede volver al punto de partida. Fuera de Cuba por tantos años, participante activo de la vida norteamericana parece ser un caso diferente que da otra tónica al proceso del desterrado.

En *El Laúd del Desterrado* se recogen solamente tres poemas suyos, uno de los cuales, "Poesía", es una perífrasis de una poesía del poeta alemán Friederich Rüeckert (1788-1866), bastante transformado y adaptado a una realidad diferente. Interesa el poema porque la selección de Quintero muestra una preocupación social, ya que las interrogantes del texto se dirigen a las clases trabajadoras. Hay una conciencia de clase asociada a una acción ideológica. El concepto aglutinador de la patria se une a una visión hermanadora democrática, y es José Agustín Quintero, acogido e identificado con el santuario norteamericano, el primer poeta cubano que hermana la patria y el trabajo. Hay en su diálogo dialéctico una conciencia de la injusticia social que debió surgir, más que por influencia germánica, por la experiencia directa del escritor conviviendo en medio de la democracia, por observación de su dinámica y por contraste con las injusticias de la vida cubana y española. Se reconoce en el poema la distribución injusta de "la fatiga y la amargura", de un lado; de "el oro y las riquezas", del otro. De ahí su llamada colectiva al trabajador (herrero, pescador, labrador, leñador), agente productor de la riqueza, al que se dirige de modo directo. Lo aguijonea para que llegue a una toma de conciencia revolucionaria, instándolo a un acto de rebeldía que tiene carácter patriótico, aunque hay en el mismo una conciencia proletaria. Pero es evidente que para Quintero, quien debió creer firmemente en el santuario ideológico de Washington y Jackson bajo cuya bandera se refugia, el fin del imperio colonial español coincide con la instauración de un sistema político y económico siguiendo el modelo de los Estados Unidos. En sentido social, tiene una conciencia de avanzada, a pesar de su identificación con la causa sureña.

Hay en este poeta un sentido agresivo y dinámico, que se pone de manifiesto en "¡Adelante!", muy distante de la tónica lacrimógena de una buena parte de los poemas de Teurbe Tolón. Trabajado como marcha incesante, el poema nunca pierde la movilidad que el concepto de "rueda giradora" establece en la primera estrofa, reafirmado por "un sol tras otro sol" y "hora tras hora". La sonoridad móvil de "los arroyos, los ríos y las fuentes" se une a la de "las nubes y los vientos prepotentes", en una simbiosis de elementos constitutivos básicos, agua y aire, líquidos y gaseosos, al que unirá la movilidad ascendente de las montañas. Completa así una trilogía fundamental en la que conjuga tres elementos: aire, agua, tierra. Naturaleza y cosmos fusionan a su vez su movilidad, y el uso del imperativo viene a dar una conciencia de trabajo por realizar ("ve", "corta", "doma", "saca", "toma", "descubre"). La última estrofa determina el carácter patriótico del poema, pero Quintero en realidad parece alejarse de la norma, como si presintiera otros mundos más allá de la experiencia cubana. La experiencia del destierro se enriquece con otras perspectivas.

Esto no quiere decir que se aleje de la patria, como puede verse en "A Miss Lydia Robins", uno de sus textos más logrados, donde alcanza vibraciones similares a las que se perciben en "A Emilia" de Heredia. Quintero empieza por determinar cuál es su "país querido", que se diluye traslaticiamente después de la conmoción inicial. El estado sicológico se pone de manifiesto a través de una sacudida interna que se exterioriza en la voz del marinero. Un movimiento de la "onda" a la "línea" lo aleja de la "orilla" y del "monte", que son borrados por un efecto de sombras. El espacio que aleja se va creando lentamente por una cuestión de enfoque y perspectiva. Contrasta el espacio horizontal, que se abre, y la cumbre, que se borra. A esto se une un devenir opresivo que va de "mis playas" a "tu ribera", donde los posesivos expresan una distinción esencial. Los versos con los que finaliza el tercer cuarteto, lo llevan al santuario protector bajo una bandera que explícitamente indica que no es la suya, aunque sí la bandera orgullosa y soberana que lo protege. Esta idea, en oposición a criterios negativos respecto a los Estados Unidos, define el sentimiento y la posición ideológica de muchos escritores cubanos, y es Quintero uno de los primeros en expresarlo.

El santuario puede protegernos de la tiranía, pero no de la pena. Por consiguiente, la lírica de Quintero no puede escapar al sistema de dualidades que establece el destierro, contrastando siempre los espacios. El escenario de lo que está, que es una forma de otredad, sirve para configurar lo que somos: el escenario de lo que no está. La identidad se reafirma por enajenación. Si alguien pudiera poner en tela de juicio la cubanía del poeta bajo la bandera que le sirve de santuario, el boscaje cubano elimina tal posibilidad. El paisaje pierde la consistencia clásico-barroca al modo inicial que encontramos en el primer exponente de nuestra lírica, *Espejo de Paciencia* de Silvestre de Balboa, vuelto ya el paraíso perdido del destierro cubano. Y sin embargo, se crea el paisaje

algo fantástico del "plumero" de la palma y el "pendón" del plátano. Del manzano a la palma y al plátano, al mango y al tamarindo, va el recuerdo. La autenticidad del dolor nos asegura el carácter fidedigno del recorrido del calor al frío, que es el puñal térmico de la pena: "El viento helado/ aquí con filo rápido me hiere". Explica así Quintero ese desasosiego del destierro, no importa cuán lejos parezca haberse llegado por los caminos de la adaptación.

"El banquete del destierro", uno de sus poemas de más brutal sacudida, no aparece en la colección. Sin embargo, ciertas referencias al texto se hacen imprescindibles, ya que el significado del destierro pocas veces ha estado expresado tan bien, asociado no solamente a la nostalgia y al dolor, que es lo común, sino penetrando más profundamente en la amargura, el desencanto y la falta de fe en la condición humana a que el destierro puede llevarnos. Hay, inclusive, un tono de sarcasmo contra el destierro mismo, al que trata con cierta irrespetuosidad. No faltan momentos en que recuerda el romanticismo de Espronceda, pero no asociado a la experiencia individiual, privada, sino a la colectiva, pública, política. Su romanticismo es rebelde, de compromiso ideológico, que rechaza todas las hipocresías. De Heredia tiene la audacia y la arrogancia, y como en algunos momentos de Heredia, su desencanto es hondo, aunque en Quintero hay mayor disonancia. Es un poema que destila hiel, como si la herida estuviera supurando bajo los acordes del laúd del desterrado. No se trata del laúd sino del banquete donde el destierro brinda y alza la copa por la libertad y por sus propios muertos.

> Destino amargo y severo,
> A tierra extraña nos lanza,
> ved el cielo qué sombrío;
> ¡no hay ni un rayo de esperanza!
> Mas riamos de las penas,
> la espumante copa alzad,
> un brindis por los que han muerto!
> ¡Hurra por la libertad! (Carbonell, 25)

Quizás la transcripción de algunos de estos versos pueda dar una explicación a la pasividad histórica de Quintero en la última parte de su vida, como si al iniciarse la Guerra de los Diez Años ya estuviera de vuelta de todos los desengaños y de todos los fracasos. No parece creer ni en nada ni en nadie, y quizás, después de tantas luchas inútiles, no le faltaría razón. Pero en el fondo, la imposibilidad de la "americanización" del poeta se pone de manifiesto en el tono luctuoso del cielo (en tradición herediana), en el profundo desdén que hay en su desesperanza, en la alienación que siente en una tierra que no es la suya y en el concepto de haber sido víctima de un destino implacable. Para Quintero yace toda esperanza y el brindis esproncediano que se repite en los dos últimos versos da la tónica de su estado de ánimo y de su perspectiva del mundo. El desencanto por la muerte heroica lo lleva a un tratamiento sarcástico de la libertad, que difiere en gran manera de otras voces:

> Que no haya ni un suspiro
> ni una lágrima siquiera
> por los héroes que encontraron
> un sudario en su bandera.
> ¡Oh, cuántas memorias tristes!
> ¡Mas nuestras copas llenad!
> ¡Un brindis por los que han muerto!
> ¡Hurra por la libertad! (Carbonell, 25)

Si tuviéramos que seleccionar un arquetipo lírico décimonono que diera la clave del destierro cubano, nos quedaríamos con "El banquete del desterrado", que lamentablemente no forma parte de este libro. En este poema el brebaje alcoholizado de la herida supurante que significa esta anomalía nacional, como clave histórico-literaria, se pone de manifiesto como si se estuviera desterrado al fuego lento de un Infierno.

Pedro Santacilia (1826-1910)

Nacido en Santiago de Cuba, era hijo de un teniente de granaderos español que fue deportado a España en 1836, motivo por el cual Santacilia estudió allí la segunda enseñanza, lo que acrecienta su formación ibérica, palpable en la documentación histórica que encontramos en el poema "A España". Regresa a Cuba en 1845. Durante el año 1851, cuajado de fusilamientos y fracasos revolucionarios, Santacilia no se mantiene impasible, y envuelto en varios incidentes de protesta y subversión, es encerrado en el Castillo del Príncipe. "Al retornar a España siete años después, en calidad de confinado, Santacilia residió en algunas ciudades de Andalucía (Sevilla, Málaga, Granada, Córdoba). Logró escapar a Gibraltar en la primavera de 1853, y de allí se encaminó a los Estados Unidos de América, donde pronto se afilió a la Junta Revolucionaria Cubana de Nueva York" (Henríquez Ureña, 410). Desde Nueva Orléans, donde residió posteriormente, se puso en contacto con Benito Juárez, ayudándolo en la adquisición de materiales de guerra y casándose tiempo después con la hija mayor de éste. Finalmente se estableció

en México, donde ocupó puestos importantes y fue diputado siete veces al congreso federal. No regresó jamás a Cuba, pero siguió luchando siempre por la causa cubana. "La casa de Santacilia había sido, desde que Carlos M. de Céspedes dió el grito de Yara hasta que Cuba fue libre, el sitio donde los cubanos insurrectos radicados en México o de paso, podían tener como un pedazo de su patria; de allí salieron las gestiones para el reconocimiento de la beligerancia otorgado a los insurgentes por el gobierno de Juárez; allí Santacilia, personalmente, redactaba planes, propaganda; se organizaban kermesses para allegarse fondos para medicinas o víveres destinados a la causa de la libertad de Cuba" (Prida Santacilia, 56). En oposición a otros poetas de *El Laúd del Desterrado*, muere de edad avanzada, a los setenta y cuatro años, y tiene una existencia mucho más lograda, adoptando un carácter patriarcal desde su destierro mexicano.

La bibliografía de Santacilia incluye otro volumen de versos, *El arpa del proscripto*, publicado en Nueva York en 1856, *Lecciones orales sobre historia de Cuba*, que dictó en el Ateneo Democrático de Nueva York y se publicaron en Nueva Orléans en 1859, leyendas, traducciones, así como poemas dispersos en publicaciones en Cuba, México y los Estados Unidos, donde colaboró en diversos periódicos de la emigración en Nueva York y Nueva Orléans.

En *El Laúd del Desterrado* sólo aparecen dos poemas suyos, pero ambos tienen un importante significado dentro de la poesía del destierro. "Salmo CXXXVII de David" establece el nexo del destierro cubano con una imagen arquetípica de esta trashumancia: la del pueblo hebreo. Considerada por algunos como una paráfrasis, Mitjans se refiere al mismo como una traducción con un objetivo político. En realidad no se trata de una traducción sino de una inmersión bíblico-metafórica. La identificación con el pueblo hebreo caracteriza la conciencia cubana desde el siglo pasado y este poema es un excelente exponente. La transferencia en espacio y tiempo del "escenario" cubano al "escenario" bíblico es obvia, y la percepción no es otra que la del poeta ante ríos extranjeros, recordando desde sus orillas a la patria que sufre bajo la tiranía: "Sentados en sus límpidas orillas,/ El suelo en que nacimos recordamos/ Empapadas en llanto las mejillas". De esta manera, los mismos motivos se repiten una y otra vez, en una constante lamentación de connotaciones bíblicas. La posibilidad del olvido tiene el carácter de maldición bíblica: si alguna vez "la memoria te olvida...", "permite que mi lengua/ sin movimiento quede". Este poema da el corte radical al ubicarse dentro de un escenario apocalíptico donde el llanto, el castigo y la venganza no aceptan términos medios.

En su poema "A España", que nos parece mucho más significativo, recorre la trayectoria histórica española desde el punto de vista de un cubano que tiene que cortar por lo sano con los nexos de la tradición cultural que lo ha formado; "un canto donde se compendian y sintetizan admirablemente las cóleras y las pasiones encendidas que sacudieron el espíritu insurrecto en sus luchas contra la metrópoli" (Carbonell, 18). No es de extrañar que su poema sea muy español en su propia propuesta iconoclasta. Como hombre, como patriota y como escritor, tiene que negar los genes culturales que le preceden, para configurar así nuevas señas de identidad. Su posición es arquetípica de la toma de conciencia creadora que configura la conducta histórico-literaria mediante un proceso de negación de valores. Es un caso representativo de la mecánica del discurso subversivo en un período formativo de la conciencia nacional y revolucionaria donde el creador se ve obligado a expresarse dentro de normas que rechaza. Por otra parte, la españolidad intrínseca de Santacilia es una paradoja. "Santacilia fue, entre los poetas desterrados del 50, el más fiero y constante y rencoroso enemigo de España. Por su mente no pasó nunca la idea de transigir con el tirano. Como Hernán Cortés, quemó las naves en el destierro y requirió la pluma, que fue su arma de combate, para no envainarla jamás" (Carbonell, 17). Sin darse cuenta quizás, la retórica de Carbonell, al insertar el paralelismo con Cortés, nos está diciendo que posiblemente fuera Santacilia el más español de su generación.

Esto lo demuestra, además, la intertextualidad que inicia el poema, el cual encabeza con versos de escritores españoles, salvo uno de Heredia. La nacionalidad de los pueblos empieza a gestarse por negaciones de la identidad, como si esta fuera la otredad enemiga que permite el reconocimiento de uno mismo. Después, una vez gestada y afianzada, en plano de madurez, se llega a un equilibrio y una reconciliación. La poesía de Santacilia corresponde a la primera parte del período formativo, pero el hecho mismo de documentar el texto con fuentes que proceden de la cultura que se rechaza, denota una obligada situación de dependencia cultural que el poeta tendrá que negar por medio de la lógica del discurso lírico y patriótico. La validez de su propio discurso separatista descansa en textos españoles y no americanos, para dar, por un sistema paradójico, mayor solidez a lo que pasará a negar en su escritura. Concebido el texto dentro de la continuidad del lenguaje, busca el respaldo en el estilo en las fuentes que lo anteceden. Inserto el poema en todo un contexto de desacralización cultural, forma parte, sin embargo, de una línea de continuidad en el estilo. Esto se debe a que en el siglo XIX nuestra lírica no podía concebir una desacralización de la escritura. "A las ruinas de Itálica" de Rodrigo Caro (1573-1647) y "A Padilla" de

Manuel José Quintana (1772-1857) forman las bases conceptuales y también de estilo que caracterizan el poema. De hecho Quintana define el carácter de la poesía de Santacilia, ya que el estilo de éste representa "la transición del neoclasicismo sentimental y elegíaco de fines del siglo XVIII al neoclasicismo revolucionario y patriótico, del humanitarismo a la arenga combativa. La poesía de Quintana es todavía clásica en la forma, en el lenguaje, pero es ya romántica en la pasión con que utiliza el verso como instrumento de incitación contra la tiranía o en defensa de la libertad o el progreso" (del Río, 94). Espronceda (1808-1842) y Zorrilla (1817-1893) completan la documentación intertextual que abre el poema, con la cual Santacilia utiliza ejemplos del discurso heterodoxo español para respaldar su discurso subversivo.

El poeta toma como punto de partida el plano individual, estableciendo un desnivel entre su pequeñez infantil y el concepto totalizador histórico del "me contaban" que incorpora después a la narrativa del poema. Al ubicarse en una infancia de tipo personal, la proyección histórica se agranda al seguirle hechos colectivos y conceptos globales que van configurando su conocimiento de lo español. Con efectividad neoclásica empieza el poema. Coloca a España en su momento de grandeza, el implícito reinado de Carlos V donde no se ocultaba jamás el sol por la extensión de sus territorios, y logra así una conjunción telúrica: el sol concentra su luminosidad en los símbolos escudo-bandera, representativos de lo hispánico. Con el objetivo de intensificar la validez de sus "cargos" contra España, el recorrido histórico incluye una multitud de referencias de este carácter, desde las remotas presencias de fenicios, cartagineses y romanos hasta el desplome del imperio en el siglo XIX. La referencias a Sagunto resistiendo al invasor cartaginés y Numancia al romano como hechos representativos del heroísmo colectivo; a Viriato, Guzmán el Bueno y Padilla como ejemplos del heroísmo individual; la victoria de San Quintín en defensa de la fe católica en 1557, y la de Lepanto en 1571 en la cruzada contra los turcos, le sirven a Santacilia para apuntar después al desplome nacional, que inicia en la derrota naval de Trafalgar en 1805. Con estos elementos, se acrecienta la efectividad del desplome colectivo que anticipa el poema. Consciente de la eficacia teatral del verso, crea un escenario totalizador de España, que hará más efectivo el descenso lírico.

Por un sistema dialógico, dirigiéndose a una España que trata de tú, insiste en establecer su identidad cultural, que asocia a su nacionalidad distanciada en "remotas playas", pero ligada a ese ente total geográfico-histórico, España, útero monstruoso, con el que habla y a quien, personalizándola irónicamente, dedica el poema. De esta manera el "niño" se vuelve cubano, pequeño y distante, en un proceso de gestación en el cual España es, en un principio, un absoluto de la grandeza. La relación tiene la doble consistencia de lo inmediato y de lo último. La insistencia en su carácter infantil de "niño inexperto", le sirve para acrecentar un desnivel, producto de una condición filial desnaturalizada por la conducta paterna-materna, que justifica su error interpretativo y lo sitúa en una posición favorable que incrementará la culpabilidad de España, asociada con la clásica imagen de Saturno devorando a sus propios hijos. La distancia que va "desde la verde orilla" a "la sombra de tus montes corpulentos" establece un espacio físico, implícitamente luminoso y purificado, que separa al poeta de otro espacio más monumental pero más sombrío donde radica un todo de mayor magnitud que contrasta con la infancia indefensa de una nacionalidad en proceso de gestación. Se trata de un "mirar distante entre la mar y el cielo,/ a través de las brumas y el espacio", que crea un efecto, a la vez, de identificación y distanciamiento —separación admirativa respecto a algo que ocupa una posición panteísta, intocable en su poderío y perfección. Memoria sagrada ("culto") que se derrumba, todo este esquema es un hábil procedimiento de Santacilia que hará el corte más tajante. El poeta se está colocando en su inocencia paradisíaca insular, a pesar de su infelicidad, en la "remota playa", para después marcar la ruptura de su candidez al tocar directamente al "ídolo". Admirado "desde lejos", se descubre de barro en la cercanía, al apartar los "girones de su manto". Este desnudo es un descubrimiento de lo ordinario que produce el efecto de una cortina que se alza y deja al descubierto la mediocridad y la sordidez. Santacilia desarrolla el poema mediante una relación que adopta un tono personal, pero que tiene la textura de una experiencia absoluta y que, de pronto, cuando se destruye la distancia, cae en las impurezas de la realidad y lo prosaico.

A partir de este momento tiene lugar un recuento mediante la sucesión de imágenes concretas que cuestionan la cultura. Es un viaje histórico, la travesía del "descubrimiento" realizada a la inversa. Los datos particulares se entrelazan con la arenga colectiva. El paisaje se recompone de una manera anónima y negativa de "ciudades despobladas", vueltos los "campos en desiertos" y las "fábricas en ruinas". Santacilia siente el desplome de la desmitificación. Al tocar esa realidad de barro se produce una retrospectiva histórica de lo que fue en oposición a lo que ha dejado de ser. El niño (la infancia de Cuba) aprende la lección mediante un regreso al útero histórico. Pero al mismo tiempo, se reconstruye una identidad americana donde Atahualpa, Caonabo, Moctezuma, Hatuey y Guatimozín forman una nueva mítica con un pasado prehispánico dentro de la cual se inserta el poeta.

Por consiguiente, al mismo tiempo que se trata de un poema que propone una ruptura y un rechazo cultural, hay en él una línea de continuidad explícita e implícita que lo conecta no sólo con el pasado, sino con textos posteriores. Hay reminiscencias que nacen, cuando menos, en Jorge Manrique y que responden al concepto del desengaño, que incluye el "¡todos cayeron!" referido a la identidad americana. En especial, para nuestra sorpresa, es un poema precursor de algunas de las preocupaciones básicas de revalorización nacional que se plantearon los escritores de la Generación del 98 y, en particular, Antonio Machado, donde hay enfoques líricos, formales y temáticos, presentes ya en Santacilia, quizás por simples razones histórico-políticas. La historia como hecho determinante creaba al escritor y los poetas americanos pronosticaban la crisis de la que finalmente se percataría el 98. Dentro de una parecida reminiscencia, están a orillas opuestas del océano, acondicionados por otras realidades; pero acaban diciendo algo parecido. Santacilia cuestiona a España en el proceso de la lucha independentista, desde fuera con respecto al ser español, pero desde dentro con respecto al ser americano; mientras que el 98 cuestiona cuando el fracaso ya ha tenido lugar, desde adentro, con pupila española. Para Machado es una batalla perdida; para Santacilia el discurso histórico-lírico es una guerra a muerte:

> ¿Qué se hicieron, España, tus laureles?
> ¿Qué se hicieron tus ínclitos guerreros?
> Tus conquistas, tus glorias de otros días,
> Tus matronas, tus sabios, ¿qué se hicieron?
> Apenas de ese inmenso poderío
> Conservan ya tus hijos el recuerdo,
> Que hasta el recuerdo de su antigua gloria
> Lo ignora España tu atrasado pueblo.

Dos imágenes que envuelven dos principios interrelacionados, completan la trayectoria conceptual del poema, gestando y hermanando a Saturno y a Caín:

> ¡Sanguinaria nación! Como Saturno
> Devoraste los hijos de tu seno,
> Y después cual Caín, a tus hermanos,
> Sacrificaste con encono fiero.

La discordia civil es trasplantada al proceso de gestación americana donde la voracidad de Saturno parece haber inyectado un mal que saturaba el poder colonial, estableciendo una funesta genética del coloniaje. Detectable ya en el discurso lírico-histórico de Santacilia, es evidente que estamos por tierras del Alvargonzález machadiano, cuando el poeta español nos dice que "el numen de estos campos es sanguinario y fiero..."; "son tierras para el águila, un trozo de planeta/ por donde cruza errante la sombra de Caín". La historia coloca a Santacilia en la antesala de Machado. Sus versos perciben la feroz consistencia cainística de la cultura española. En esencia, la "Castilla miserable, ayer dominadora,/ envuelta en sus andrajos desprecia cuanto ignora" de Machado, es un concepto que ya está presente en la mentalidad lírico-histórica de Santacilia: "hasta el recuerdo de tu antigua gloria/ lo ignora, España, tu atrasado pueblo". Pero el discurso lírico-histórico de ambos poetas depende de circunstancias vitales opuestas. Para Santacilia la evocación del pasado español se detiene en el punto de la gesta americana: la historia dentro de la lírica acaba por acondicionarla. En Machado hay una añoranza colonialista: "guerreros y adalides que de tornar, cargados/ de plata y oro, a España, en regios galeones,/ para la presa cuervos, para la lid leones". Es decir, el catecismo nacionalista del aprendizaje infantil, tiene un eco en Machado. Después de todo, son las colonias. Los mismos hombres, vistos desde perspectivas diferentes (que en definitiva son los conquistadores) son convertidos desde este lado del océano en los "los hijos crueles y feroces", los "buitres carniceros" de Santacilia que "para la presa cuervos", regresan a España en los galeones enriquecidos de Machado. España revisitada, cada poeta lo hace desde su historicidad. El discurso histórico-lírico de ambos coincide en las añoranzas numantinas y las gestas medievales, de los cuales ambos están igualmente distanciados, alegorías de lo que fue; pero difiere cuando la gesta los toca más de cerca.

Esto se debe, según Hernán Vidal, a que "la obra literaria es una representación figurativa de las relaciones sociales preexistentes en la sociedad de origen. Como tal representación, en su sentido interno la obra literaria tipifica los modos en que se da la praxis de individuos y grupos para transformar la naturaleza y la sociedad de acuerdo con sus necesidades e intereses. En esa tipificación se muestran los instrumentos culturales creados y usados por individuos y grupos para tomar conciencia de sí mismos y constituirse como agentes de transformación social, fijándose los objetivos y prioridades pragmáticas que satisfacen esas necesidades e intereses" (20). La historicidad del texto, a pesar del evidente parecido lírico, acaba moviéndose en direcciones opuestas, pues la historia era para Santacilia un presente activo, mientras para Machado era un pasado muerto. El discurso lírico-histórico representaba para Santacilia un acto de agresión, mientras que Machado, que tanto se le parece, parecía cargar con esa historicidad como si se tratara de un peso muerto.

No sabemos si Machado tenía o no conocimiento del texto de Santacilia y bien puede ser que las semejanzas surgieran de lo que acabamos de decir, por la comunidad cultural en que conviven, ya que sin duda Santacilia, a pesar de ser cubano, o precisamente por ser cubano, estaba formado dentro del canon cultural correspondiente al período en que se gestaba la identidad nacional. Sin embargo, los vínculos de Santacilia con España y su privilegiada posición en México dejan abierta la eventualidad de algún nexo más preciso entre ambos. La posibilidad de que Machado conociera *El arpa del proscripto* donde también aparece "A España", no debe descartarse.

Quizás, de forma más directa, se deba a una influencia común, la de Manuel José Quintana, cuya presencia en Machado debería considerarse más detenidamente. Conocido por ambos, el tono combativo de "A España después de la revolución de marzo", de espíritu liberal y patriótico, les viene como anillo al dedo a los propósitos de Santacilia y al revisionismo histórico de Machado, aunque en éste adquiera un tono menos declamatorio. Santacilia lo sigue muy de cerca, como puede verse en los siguientes versos de Quintana:

> ¿Qué era, decidme, la nación que un día
> reina del mundo proclamó el destino,
> la que a todas las zonas extendía
> su cetro de oro y su blasón divino?

La poesía de Santacilia es una poesía comprometida políticamente y su efectividad, y eventualmente sus limitaciones, surge de la retórica de su oratoria; lo cual no quiere decir que no esté lograda, a pesar de una inevitable adjetivación que con el paso del tiempo puede relacionarse con el lugar común, aunque dentro de la historicidad americana está cuajada de autenticidad. Asolado por los fantasmas de su tribu histórica, ésta le sirve para componer la historicidad de su lírica, que es su forma de exorcismo. Santacilia buscó en el destierro el santuario de una nueva matriz y la encontró en el exilio, donde los Estados Unidos representó una estación de paso hacia un abrigo más permanente en el cual cortó por lo sano y gestó su olvido en el útero azteca.

Pedro Angel Castellón (1820-1856)

De padre español y madre francesa, poco se conoce de Pedro Angel Castellón y Lavette. Le corresponde a José Manuel Carbonell desenterrar algunos datos biográficos sobre Castellón, que quizás sea el poeta menos logrado de la colección, pero uno de los más representativos de algunas de las consecuencias más funestas del destierro: el desconocimiento y el olvido. "En realidad, muy poco podré decir de mi biografiado de esta noche. Su vida permanece punto menos que ignorada, perdida en detalles, bajo la espesa bruma del tiempo. Ni siquiera, hasta hace pocos meses que tuve la fortuna de dar con su partida bautismal, se conocía el lugar y fecha de su nacimiento y el nombre de sus padres" (Carbonell, 6). Este desconocimiento borra la figura del poeta y patriota cubano. Sus contemporáneos dijeron poco sobre él por las razones permanentes que establece todo sistema represivo: "La libertad era, entonces, tan precaria en Cuba que ni siquiera se podía pronunciar el nombre de los caídos que habían unido su suerte a movimientos revolucionarios por la independencia de la patria. Justo es consignarlo en bien de la verdad histórica continuamente sorprendida y falseada por los escépticos del patriotismo y adoradores de cultos oportunistas" (Carbonell, 6). Es decir, con Castellón se pone de manifiesto el proceso de erradicación nominal del escritor a consecuencia del destierro, que deja, a todos los efectos prácticos, de existir, como si fuera un desaparecido de la literatura. Joaquín Lorenzo Luaces y Juan Clemente Zenea, que lo conocieron, se refieren muy favorablemente a su personalidad. El primero lo recuerda como "un joven de prestancia varonil, rubios cabellos y ojos azules, de elegancia natural y cultas maneras que predisponían favorablemente" (Carbonell, 8). "Zenea apunta en su artículo *Mis contemporáneos*, publicado en la *Revista Habanera*, que era modesto en grado sumo, que su voz quería volar, que su palabra temía la publicidad y que lo amaba todo, menos la repercusión de la gloria de su nombre. Y así debió ser en realidad, porque de su paso por la tierra hay sólo huellas imperceptibles, fulguraciones de relámpago..." (Carbonell, 9). De esta manera, Castellón queda como una presencia efímera cuya personalidad apenas se trasluce en su lírica y que podemos, tal vez, figurarnos a través de otros textos contemporáneos que dejan alguna remota constancia de su persona.

Se sabe que estuvo vinculado a la causa de Narciso López, aunque no su exacta participación, por lo cual tiene que emigrar probablemnte antes de 1850, aunque la fecha exacta también se desconoce. Residió en Nueva Orléans, donde se dedicó al comercio de víveres, en compañía de su mujer y su hijo, con su abuela y una tía política. Contra Castellón, que pertenecía a la Junta Madre de la Orden de la Joven Cuba, organización con fines revolucionarios, se le instruyó un proceso en La Habana que lo condenó a diez años de presidio, aunque por residir en Nueva Orléans no se pudo llevar a efecto.

Carbonell emite un juicio limitadamente favorable hacia la poesía que da a conocer en Cuba, durante su primera época, que aparece dispersa en varias publicaciones cubanas. Es traductor y colaborador en *El Faro Industrial, La Revista Literaria* y *El Artista*. Después, en el destierro, publica poesías en *La Verdad* y *El Filibustero*. "En algunas de sus composiciones, como en la titulada a "A los cubanos", Castellón aparece decidido partidario de la anexión de Cuba a los Estados Unidos. Es el sentimiento de la propia impotencia que lo arroja en los brazos de cualquiera solución contraria a España" (Carbonell, 10). Sin embargo, su actitud de combate es radical y sufrió las consecuencias del destierro quizás más que los otros escritores incluidos en este libro.

La fecha de su muerte es incierta, aunque por referencias indirectas se estima que fuera en 1856, quedando nuevamente en la penumbra de las probabilidades. "El año 1856 murió en el extranjero, sin que se sepa dónde, ni el mal que lo llevó a la tumba, ni el día en que se apagaron sus ojos, ni el lugar en donde fueron sepultados sus restos... Más desventurado que sus compañeros Teurbe Tolón, Turla, Quintero, Santacilia y Zenea, se fue del mundo por ignorada puerta, lejos de la patria, acaso desprovisto del consuelo de verse rodeado en sus últimos instantes por los amigos y camaradas de ensueños literarios y patrióticos anhelos" (Carbonell, 14). La figura de Castellón sigue los lineamientos de un destino sombrío, vago, confuso, impuesto por el destierro. El amor a Cuba se pierde en un olvido de desterrado, que lo esfuma. Su poesía es considerada por Max Henríquez Ureña como "menos que mediocre" (Henríquez Ureña, 413), aunque para Remos es "uno de los poetas más correctos de nuestro parnaso" (Remos, 143). En nuestra opinión su obra es verdaderamente pobre. En realidad, lo más impresionante de Castellón es precisamente el infortunio de una existencia oscurecida por la adversidad histórica, que no le permitió lograr mucho más y que nos obliga a decir mucho menos. Su efímera biografía nos invita a una meditación sobre la muerte en la distancia que representa el destierro, y su propia preocupación por rendirle homenaje a los patriotas cubanos parece reflejar una meditación sobre sí mismo, y sin embargo, por sus limitaciones líricas, no llega a darnos su propia persona, que nos será por siempre desconocida.

Pedro Angel Castellón aparece representado con tres poemas que están entre los menos inspirados de *El Laúd del Desterrado*. El más extenso de todos está escrito con motivo de la muerte de Félix Varela (1788-1853), sacerdote y pensador, considerado una de las figuras más ilustres del pensamiento cubano de la primera mitad del siglo XIX, diputado a la Corte en representación del pueblo de Cuba y que, víctima de la intransigencia española, se exilia posteriormente en San Agustín, en la Florida y muere en el extranjero en 1853, con una posición definida respecto al separatismo. Salvo imágenes ocasionales de cierto calibre poético, el poema correlaciona el retrato de Varela con la misma temática política que encontramos a través del libro, de forma un poco más fría y con cierto carácter que por momentos lo acerca más a la prosa que a la lírica, salvo en la última estrofa. Es en este momento cuando se produce una identificación interna del destino de Varela, que muere en San Agustín, con el de Castellón, que clama por el retorno ("quiero el sepulcro donde está mi cuna") pero morirá en el olvido de Nueva Orléans. La vida misma (o, con mayor precisión, la muerte misma) crea la paradoja trágica y convierte el poema en documento de un destino histórico. Su llanto del eterno retorno es clave de la situación cubana que transita fantasmagóricamente del siglo XIX al XX. Salvo Teurbe Tolón y Zenea, que es fusilado en Cuba, que regresa y muere en Cuba, todos los demás poetas de *El Laúd del Desterrado* mueren en el destierro. Gestaban, sin saberlo, una tradición. La unidad cuna-sepulcro representa un anhelo de eterno retorno que el destierro implacable quiebra. La cisura de la muerte incrementa la conciencia de la desintegración en la nada, nuevo espacio y tiempo. Castellón, desterrado universal, se pierde en el cosmos de todos los desterrados, donde ya no está solo, recreándose así un útero medular de factura contemporánea.

En un sentido lírico más estricto, mucho más efectivo nos parece el soneto que dedica a los mártires de Camagüey y Trinidad, quienes se levantan en armas y mueren por la libertad de Cuba en 1851, cuyo comienzo "gozábanse en su cieno el servilismo" tiene indiscutible fuerza y responde al espíritu de absoluto rechazo a la tiranía que caracteriza este libro. La obligada brevedad del soneto ayuda al acierto. El que dedica a la muerte de Julio Chassagne empieza con brío similar, pero va cayendo después en imágenes menos afortunadas.

La poesía de Castellón responde a un carácter combativo directo que demuesta el estrecho vínculo que hay entre la historia y la lírica cubana. El poeta siente la responsabilidad de dejar constancia del padecimiento histórico y, a veces, como en el caso de Castellón, la causa cubana se expone a costa del sacrificio poético. Pero en definitiva, deja el documento de lo que él debió haber sido: un hombre que se compromete con la historia más que con la poesía.

Juan Clemente Zenea (1832-1871)

Quizás sea Juan Clemente Zenea una de las figuras más representativas de la discordia cubana, en la cual el cainismo nacional, la disensión interna, se ha saciado de la forma más despiadada desde el momento de su muerte hasta nuestros días. Más víctima de la intriga que de la tiranía, su tragedia tiene un tinte que lo hace diferente a las otras personalidades de *El Laúd del Desterrado*.

Su educación y su refinamiento lo asocian a una élite cultural que forma parte ya de una tradición del destierro cubano. A esto se une un temperamento romántico y aventurero, acentuado por sus relaciones amorosas con Adah Menken, actriz y bailarina, nacida en Nueva Orléans, que visita Cuba a los dieciséis años, y de la cual se enamora Zenea. Su conocimiento del inglés y del francés, que estudiaba antes de conocerla, se perfeccionan en medio de esta relación amatoria, compartiendo además un común interés literario. Su primer destierro tiene lugar con motivo de su colaboración en *La Voz del Pueblo*, que dirige Eduardo Facciolo. En la prensa revolucionaria de Nueva York y Nueva Orléans, hace pública su inclaudicable posición separatista, hasta el punto que, por su posición desafiante, es condenado a muerte por las autoridades españolas en 1853, aunque ya estaba fuera del país. Al ofrecerse una amnistía general, regresa a Cuba. En ese momento desarrolla una intensa actividad literaria. Tiene a su cargo la dirección de la *Revista Habanera*, fundada en 1861 y clausurada en 1863. Esto lo lleva a un autodestierro en 1865. Primero reside en Nueva York y después se traslada a México donde Santacilia, director del *Diario Oficial*, preparaba una edición crítica de las obras de Heredia. Esto le brindó el disfrute de una cierta estabilidad económica, que deja a un lado cuando se inicia la Guerra de los Diez años en 1868. Se traslada otra vez a Nueva York, enrolándose en dos expediciones a Cuba que no llegan a materializarse. Su vida en Nueva York es difícil, trabajando como traductor y profesor. Escribe en *La Revolución*, órgano de la Junta Revolucionaria presidida por Miguel Aldama, identificándose con la posición de éste cuando el exilio se divide en dos grupos: el de los aldamistas, simpatizantes de Aldama, y el de los quesadistas, que favorecen a Manuel de Quesada. Esto hace que finalmente deje de escribir para la publicación mencionada cuando tienen lugar algunos cambios en el consejo editorial con los que no está de acuerdo.

Es en este momento que realiza un viaje a Cuba el 4 de noviembre de 1870, volviéndose víctima de las divisiones cainísticas del exilio y la posición monolítica de la tiranía. El propósito de este viaje es entrevistarse con Carlos Manuel de Céspedes (1819–1874), Presidente de la República en Armas que inicia en 1868 la Guerra de los Diez Años. Aunque se trata de un viaje clandestino, Zenea tiene un salvoconducto del gobierno español. Al ser hecho prisionero, tanto los simpatizantes de Quesada como los seguidores de Aldama lo consideran traidor a la causa cubana y, abandonado por sus compatriotas y en manos de los españoles, es fusilado el 25 de agosto de 1871.

Zenea pasa a convertirse, no ya en un arquetipo del romanticismo cubano, sino en un arquetipo de nuestras insidiosas divisiones internas.

Es víctima del descrédito y la difamación de los propios cubanos, vuelto una figura contraversial. Los hechos que determinan su fusilamiento han sido interpretados desde perspectivas opuestas. Salvador Salazar señaló que "un cruento viacrucis, sufriendo todas las tristezas, soportanto todos los vejámenes, lejos de los seres queridos, presintiendo el trágico desenlace, anciano física y moralmente por la amargura y la indignación a los treinta y ocho años de su vida, graba sobre la conciencia española los ocho meses de bartolina del pobre poeta" (Salazar, 48). Incomunicado en la prisión de la Cabaña, escribe sus últimos versos, que aparecerán publicados póstumamente bajo el nombre de *Diario de un mártir*. Les corresponde a Emilia Casanova de Villaverde, José Antonio Echeverría, Carlos Manuel de Céspedes y Quesada, Roque E. Garrigó y Antonio L. Valverde sentar las bases de la campaña de difamación, a la que se unirán, posteriormente, Sergio Chaple y otros más. Por su parte Cintio Vitier propone, en su *Rescate de Zenea*, mostrar que "ni uno solo de los cargos acumulados por los cubanos contra Zenea, y mucho menos los que él mismo utilizó como coartadas fallidas, se mantienen en pie ante una crítica objetiva y coherente. Ahora podemos asegurar que no hay absolutamente ninguna prueba de que Zenea haya actuado, ni por dinero ni por convicción, al servicio de la causa de España, que tanto odió toda su vida" (Vitier, 713). Las intrigas a las que se ve sometido por el divisionismo cubano son, francamente, una vergüenza nacional y, en particular, de la mentalidad de destierro, en que entran en juego multitud de rencores personales que lo llevaron a la muerte con no menos voracidad que la soldadesca española a la que se refiere en algunos de sus poemas. Zenea es víctima arquetípica de la ponzoña de sus compatriotas.

El Laúd de Desterrado recoge tres poemas que solamente dan una medida muy limitada del gran poeta que fue Zenea. En "El filibustero", tras un inicio ligeramente inspirado donde el poeta hace referencia al cambio de escenario que representa el partir del desterrado ("llegué gimiendo a estas playas"), en el cual no falta, como es de esperar, la añoranza del escenario en verde donde se ha nacido; el carácter narrativo del poema adquiere un tono monótono al que de lugar su tediosa versificación, muy distante de los logros más firmes de su poesía. El título, de evocaciones esproncedianas pero que responde a motivaciones más específicas, se refiere exactamente al nombre dado, en su época, a los cubanos que luchaban por la independencia, que tiene un carácter que, paradójicamente, puede ser llevado con orgullo, como el caso del término "gusano" dado a los desterrados cubanos del siglo XX. Hacia el final del poema, Zenea muestra su irritación ante el carácter despectivo del término, al que opone el de "pirata negrero" como referencia a los españoles que trafican con la trata. No hay que olvidar que las conse-

cuencias de ser "filibustero" tienen en la historia de Cuba mayores implicaciones. Cuando tiene lugar la última expedición de López, "los sufrimientos de la marcha y, sobre todo, la indiferencia de los cubanos, fueron destruyendo el ejército y su fortaleza, pues sólo se le unieron dos hijos del país, pero numerosos guajiros servían a los españoles, pues la propaganda presentó a los expedicionarios como invasores extranjeros que, como los antiguos filibusteros, no tenían otra finalidad que saquear y destruir" (Masó, 173). La propaganda funciona efectivamente a través del léxico peyorativo, desvirtuando el objetivo: la libertad de Cuba. En la penúltima estrofa el poema adquiere unas connotaciones de particular significado, no por su acierto lírico, sino porque parece anticipar momentos finales de su propia vida. El verso que la inicia, "en vano me llama un pueblo" tiene una premonitoria ambigüedad. El hecho de recibir de este pueblo los nombres "del malvado y del traidor", anticipa dos adjetivaciones que le adjudicarán después al propio Zenea, víctima del descrédito histórico que lo ha perseguido hasta la actualidad, y que ha llevado a afirmar que es, hoy día, en Cuba, "un poeta fusilado por los españoles y considerado traidor por los cubanos" (Fernández, 1338). Este pueblo "de déspotas, no de hombres", que "insulta y profana,/ la santidad del destierro" forma un conjunto indeterminado al que pertenecen todos aquellos que lamen "como un perro/ las plantas de su señor". Obviamente se refiere a los españoles, pero no excluye a todos los cómplices del crimen. Se trata indirectamente de una premonición que se consuma.

Muy superior es el poema "Diez y seis de Agosto de 1851 en La Habana", que se abre con una estrofa hermosísima de elegancia neoclásica, enriquecida por el contraste que establece con la que le sigue, donde el agua fertilizante de la primera se vuelve sangre derramada. La transformación cromática de "las pirámides de espumas transparentes" que regala el agua al prado, convertida en sangre ennegrecida, es todo un acierto de gran poeta. La historia, sin embargo, produce una sacudida que le imposibilita, como a otros poetas envueltos en la lucha patriótica, el adecuado equilibrio, y la tercera estrofa ya no tiene la misma altura y define la dirección que va a seguir el resto del poema. No obstante ello, una relectura dentro del contexto en que la "acción" se desarrolla, le da un significado de no menor importancia que requiere un entedimiento globalizador de su circunstancia. Distanciar la lírica de la historia es en este caso un acto de injusticia académica, ya que el 16 de agosto de 1851 es una fecha trágica, precedida y seguida por acontecimientos de igual categoría; el fusilamiento de Joaquín de Agüero y otros patriotas camagüeyanos el 12 de agosto, el de Isidoro Armenteros y otros patriotas trinitarios el 18 de agosto, acompañado poco después por el de Narciso López el 1 de septiembre. El fracaso de los levantamientos de los camagüeyanos y trinitarios creó un escenario fatídico que quedaría incompleto si se desconocen los fusilamientos del Castillo de Atarés. Hay que ubicar el poema, por consiguiente, teniendo en cuenta la fecha a que se refiere el título. Al llegar a Cuba en su última expedición, López dividió sus fuerzas en dos columnas, una a su mando y la otra al mando del joven norteamericano William Crittenden, sobrino del Secretario de Justicia de la Unión. Después de copar a Crittenden y los soldados bajo sus órdenes, el Capitán General, José Gutiérrez de la Concha, "pensó diezmarlos, pues eran unos 50, lo que consistía en formarlos en el campo en que iban a ser ejecutados, fusilando a uno de cada diez, pero la actitud de los españoles intransigentes le obligó a ordenar que todos fueran ejecutados, salvándose únicamente el coronel William Scott Haynes, segundo jefe del grupo" (Masó, 173). Estos hechos darán lugar a una reclamación de parte de los Estados Unidos. La participación norteamericana y, principalmente, el derramamiento de sangre extranjera por la causa cubana, le da significado, en el poema, a la presencia del "Águila del Norte" (obvia referencia a los Estados Unidos) que al ser testigo del fusilamiento en el Castillo de Atarés, bebe la sangre y regresa al "capitolio" norteamericano "para escuchar desde el nativo suelo/ El eco del silbido de las balas". Zenea recrea el episodio y hace justicia a los héroes del mismo, incluyendo la presencia norteamericana que, por esta vez, comparte con sangre la causa de la libertad de Cuba. Se trata de un momento francamente siniestro en nuestra historia donde la imagen "en el cráneo beber del enemigo", festín hispánico, no es ninguna exageración retórica. De ahí que el "¡Horror! ¡Horror!" que inicia la cuarta estrofa sea una consecuencia lírica de la historia, un producto de la autenticidad del sentir de Zenea, que se retrata a sí mismo: "Al ver la humanidad envilecida/ Con ambas manos me cubrí los ojos". Zenea contempla el hecho histórico con una conciencia individual a la vez que se distancia de "la turba embrutecida". En el fondo, hay en él una percepción negativa de las masas, que no tiene nada de sorprendente si tenemos en cuenta los acontecimientos que tienen lugar. "La ejecución colectiva se efectuó el día 16 en las faldas del Castillo de Atarés y fue presenciada por una muchedumbre, afirmándose que las turbas exhibieron por las calles de la Habana las ropas ensangrentadas de los que habían sido ejecutados en su presencia" (Masó, 173). No en balde el poeta se espanta y no quiere ver. La actitud del populacho trasciende los límites de la soldadesca española y forma una "turba" que es parte de la "humanidad toda". Siente una repugnancia por la sangre que acabará perdiéndolo y que hace de él una de las personalidades más inquietantes de la lírica cubana. Tiene una conciencia individualizada de la muerte, que no tiende al anonimato, que no se colectiviza del todo, que no se pierde en la "causa". La muerte es para Zenea un hecho concreto: allí "el retrato del amigo amante", "el blondo rizo de una niña hermosa", "el anillo que en la vez postrera..."—todo a merced de una disputa colectiva de malvados. Ciertamente el poeta se hace más específico y acaba por concretarse en una tiranía, la de España, al modo de la conciencia anti-española de Santacilia, aunque sin tantos detalles; pero en definitiva, el dolorido sentir de Zenea es de persona a persona, cuerpo a cuerpo: "aquél que muere allí, ése es mi hermano". La causa cubana adquiere un tono doliente personal que no colectiviza. Cada muerto parece ser suyo, individualmente. De ahí se desprende la autenticidad de su "horror" y el espanto de los ojos que, para no ver, se cubre.

La tercera muestra del hacer lírico de Zenea, "En el aniversario del General López", es casi una consecuencia cronológica. Nuevamente nos encontramos una serie de elementos que lo definen, intentando un equilibrio entre la humanización del héroe y el aura clásica que debe envolverlo. Esto lo logra en las dos primeras estrofas, donde López tiene algo de héroe clásico en la antesala del desplome. "Rostro alegre y corazón sereno" lo humanizan, para después alcanzar nivel de heroico cuando "rica diadema que ante un sol fecundo/ te diera un ángel con sus blancas manos". Pero se trata de una circunstancia efímera que dura hasta que "marchítanse en" sus "sienes los laureles/ y se viste de duelo la esperanza". La lírica adquiere carácter de premonición al colocar a López camino del cadalso. Los versos, "mueres y en vez de lágrimas y duelo/ te mofa el pueblo español con torpe aplauso", destacan la mofa colectiva, como después, no sólo el pueblo español sino el propio pueblo cubano, hará objeto de mofa, denigración y escarnio al propio Zenea. Un hálito de esperanza, "promete vida en un botón de rosa", le sirve para rescatar al héroe a través de la lírica, variación de una "plegaria a Dios".

El camino que va a recorrer Zenea desde estos poemas, que se publican en 1856, al *Diario de un mártir*, que escribe en la cárcel en 1871, representa una escala de ascensión patriótica. El sufrimiento que ha padecido por Cuba lo va depurando. Todo esto nos hace pensar que el conflicto de Zenea estaba en que no era un hombre de guerra en un momento histórico que no ofrecía otra alternativa. Hombre de paz, amante de la vida, debió ser un pacifista que tuvo que pagar con su vida el rechazo que sentía por la muerte. Patriotismo y destierro son las vías purgativas: la gran lección que nos deja Zenea, representante de una mística civil moldeada por la calumnia y el martirio.

Leopoldo Turla (1818-1877)

Leopoldo Turla era hijo de una norteamericana y un italiano. Su patriotismo se pone de manifiesto desde edad temprana en poemas y trabajos periodísticos y en 1846 es desterrado por el gobierno colonial. Aparentemente sus nexos con los proyectos independentistas de Narciso López fueron estrechos, aunque no puede confirmarse, como se ha indicado, que fuera a Cuba en la expedición de López de 1851. Se dedicó a la enseñanza en Nueva Orléans, pero vivió una vida de graves dificultades económicas, hasta el punto que en 1855 el novelista Cirilo Villaverde y el bibliógrafo Francisco Calcagno hicieron una colecta para ayudarlo a subsistir. Durante la Guerra de los Diez Años apoya el movimiento independentista desde Nueva Orléans, donde muere en 1877, rodeado de su familia.

Estos poetas encuentran su santuario fuera de Cuba, y hacen en particular de Nueva Orléans su "capital" en el destierro y, como en el caso de Turla, su sepulcro. *Viaje a los Estados Unidos* de Guillermo Prieto, citado por José Manuel Carbonell, deja constancia del penoso final de Turla: "Dos días después de tributar nuestro homenaje al genio de Turla, asistíamos a su entierro: entierro humildísimo, acompañado de unos cuantos cubanos que llevaban en su semblante el lóbrego duelo del emigrado, como si tuvieran que lamentar la más triste de las orfandades, la orfandad de la tumba... Aquella soledad, aquel silencio, aquel poeta anciano que soltaba de sus garras la miseria para entregarlo a la muerte en suelo extraño, me hicieron hondísima impresión" (Carbonell, 17). En esa trayectoria de la lírica y la conciencia, se anudan y anidan desesperadamente santuario y desolación.

Aunque las penurias que sufrió debieron ser grandes, su obra lírica, lamentablemente, deja mucho que desear. En la mencionada carta, sin embargo, Prieto observa que su inspiración tiene un carácter acre e incisivo; lo cual, efectivamente, en sus momentos más afortunados le da cierto amargo realce. Para Remos, las poesías que figuran en *Ráfagas del trópico*, publicado en 1842, son "obras flojas por su técnica y por su inspiración, muy pedestres y huérfanas de alientos", aunque considera que "el ideal patriótico le inspiró, sin embargo, cantos dignos de recordación, en que su lira vibra con mejores tonalidades" (Remos, 253). Como certeramente apunta Carbonell, "en condiciones propicias, situado en otro ambiente, es indudable que su labor literaria hubiera sido más valiosa y fecunda. Pero aquellos hombres carecieron de aire y de luz, vivieron arrastrando la pesada cadena de renovados infortunios, deprimidos y vejados por los mandarines de la Colonia, azotados por la miseria" (Carbonell, 119). Max Henríquez Ureña coloca la obra de Turla de una forma precisa cuando afirma que "en esta última etapa de su producción poética hay más rigor y elevación que en sus versos de otros tiempos, pero aún así hay que reconocer que su mejor poema fue su vida austera y noble" (Henríquez Ureña, 416); lo cual nos reubica en la circunstancia y personalidad del poeta. Su miseria, su "así estaba muriendo" en palabras de Guillermo Prieto (cita de Carbonell, 17) destila patetismo.

Juan Clemente Zenea emite un juicio casi idílico de Turla en "Mis contemporáneos", diciendo "¡Qué hombre tan bueno es Leopoldo Turla! ¡Qué dichosa sociedad aquella en que todos los hombres de talento tuviesen un alma como la suya! ¡Qué carácter tan dulce, qué voz tan agradable, qué rostro tan expresivo, qué sonrisa que no se separa de sus labios!" (Zenea, 107). Esta personalidad se refleja en el que es seguramente su mejor poema, "¡Perseverancia!", cuyas "estrofas brindaban aliento y esperanza a los emigrados cubanos, que mitigaban sus nostalgias de desterrados al repetir la que con mayor fuerza conservaban en la memoria" (Henríquez Ureña, 415). El estribillo "apoyado al timón espero el día", que Turla toma de José Jacinto Milanés y cierra todas las estrofas del poema, debió repercutir intensamente en el alma del exiliado. La tristeza subyacente, todas las injusticias y miserias a las que estuvo condenado, quedan parcialmente superadas con la esperanza de un triunfo que llegará algún día. En este sentido, sintetiza mejor que ningún otro poema el espíritu de *El Laúd del Desterrado*. Largo y reiterativo, el poeta parece un prisionero de su propio lamento. La repetición de la palabra parece intensificar el gemido, como si al hacerlo ahondara en él y pudiera llegar a la solución del conflicto, aunque también puede verse como una larga cadena en verso que parece prologarse hasta el infinito. El "trueque en gozo nuestro amargo duelo" da la clave del significado del destierro, la certeza de un cambio, y el "¡sé firme, corazón!" del primer verso se mantiene inclaudicable en todas las estrofas, donde la idea, vivencia más bien, del martirio cristiano permanece con igual vigor de principio a fin. Esta veracidad del sentimiento y de la pena supera cualquier limitación que pudiera apuntarse y por extensión le da a "¡Perseverancia!", además, la autenticidad que necesita la verdadera poesía.

Es lamentable, por otra parte, que los textos que lo representan no terminaran aquí, sirviendo a su vez de cierre a *El Laúd del Desterrado*. En particular en beneficio del propio Turla como poeta y como reafirmación de su personalidad, como la percibe Zenea: "Leopoldo Turla es pobre, pero no envidia la fortuna de los demás... Nadie podrá contar que le ha visto en ningún momento llevar hasta la exageración su alegría, si es que Turla se alegra; nadie lo habrá oído celebrar lo vituperable; nadie, por último, lo habrá encontrado donde no debía estar un apóstol de la virtud, un amigo de la religión, un defensor de lo grande y de lo digno" (Zenea, 108). Pero, ¿hasta qué punto esta percepción de Turla no forma parte de la propia percepción romántica de Zenea? Quizás fuera otro desajuste de Zenea en la interpretación de la realidad, cuya inadecuada percepción lo hizo víctima de la calumnia y lo llevó al cadalso. Porque las amarguras del destierro, de la miseria real y cotidiana que sufrió Turla en carne propia ("el hambre aqueja al mísero proscrito"), tuvieron que dejar en él una huella de hiel; lo cual no disminuye el valor de su rectitud, al parecer inquebrantable, pero que no responde a ninguna placidez apostólica. Al contrario, descubre la otra cara del destierro, el otro rostro de Turla, la tormenta interior del desterrado, su infortunio físico como complemento a las tribulaciones de su espíritu. Víctima además de la más refinada perversidad de la tiranía, ésta trata de resquebrajar la firmeza del destierro fomentando, desde la otra orilla, la discordia interior.

Ya desde "¡Perseverancia!" se descubre la escisión interna que va a ir socavando la firmeza de la propuesta. Ya el "¡pobre de aquél que al recorrer la ruta!", "ceja en mitad de su camino", advierte una falla en la que late una divergencia. Ciertamente Turla se mantiene firme en su posición, como indica Zenea, pero palpita en ella la imposibilidad de reconciliación. En cierto modo, ésta permea el profundo desencanto de toda una generación abatida por la adversidad, no importa cuán firme "apoyada al timón espere el día". La tragedia última de esa espera se manifiesta en el desengaño y el retraimiento que va a caracterizar a todos los poetas de este desdichado período de la historia de Cuba. Es una actitud alienatoria que sentimos desde Heredia y que en Zenea va a convertirse en la trampa más feroz. Bien sea el distanciamiento patriarcal de Santacilia en México, la desintegración de Castellón en el vacío, la gallardía del poeta y militar peregrino que hay en un Quintero reintegrado al Mississippi, o el retraimiento y la pobreza de Turla, rodeado de su esposa e hijos en un sombrío invierno en Nueva Orléans, todos cayeron en la trampa histórica.

"A Narciso López", "Dos mártires", "Oro" y "Degradación", los otros poemas que representan a Turla en este libro, se resienten con los tonos más altisonantes de la poesía patriótica, despojados a veces de una emoción auténtica, que si la hay, perece bajo el peso de las palabras. El vocabulario se caracteriza por un rebuscamiento artificioso que se vuelve pedante algunas veces y de mal gusto otras, que llega a desafiar el diccionario sin dejar de ser también pedestre. En "A Narciso López" algunos versos tienen una majestuosa sonoridad ("¡Volar a quebrantar con brazo fuerte/ De un pueblo esclavo la cadena dura/ Y recibir en galardón la muerte!"), pero caen de su peso poco después por una cursi pedantería neoclásica que no habla a favor del gusto de Turla y su sensibilidad lírica: "¡Cadalso hallar en vez de Capitolio!", "Roca Tarpeya en vez de Capitolio", "Avanzar en belígeros corceles/ Gallardos y bellísimos donceles". En "Dos mártires" el pensamiento cristiano de Turla parece debilitarse y difícilmente se sostiene, llevándole al reproche, hasta el punto de rectificar con un "sé que blasfemo". Pero los otros dos poemas, siendo líricamente peores, son más significativos aunque en ellos no podemos reconocer, ni remotamente, placidez y moderación al modo que lo describe Zenea.

En estos poemas se deja arrastrar por el reproche anti-lírico, el lugar común y la retórica exagerada, empeorado todo por la extensión de los mismos. Salvo muy ocasionales aciertos, poco se puede decir a su favor. Esto no quiere decir, sin embargo, que no nos den claves significativas, aunque éstas no sean en beneficio del "laúd" sino en la interpretación del "destierro", o más penosamente todavía, de la historia de Cuba. Si un poeta como Santacilia arremete violentamente contra el enemigo común, el coloniaje español, Turla destaca la discordia interna en que se moldea la conciencia cainística de nuestra nacionalidad. Refiriéndose al último poema escrito por Turla, "Crucificación", que no aparece en este libro, con motivo de la muerte de Francisco Vicente Aguilera, Juan Manuel Carbonell observa que no está inspirado en la vida de Aguilera sino en las disensiones surgidas en el destierro. "Esta poesía, último canto del cisne, gotea rencor partidista, y da exacta idea de las lamentables discordias fratricidas a la que se entregaron los emigrados en el momento mismo de tener al enemigo en la línea de fuego" (Carbonell, 118). La precisa observación de Carbonell, que trasciende la temporalidad, es aplicable a los poemas que cierran *El Laúd del Destarrado*.

En "Oro", Turla termina cada estrofa con dos versos que se repiten enfáticamente: "¡Maldito el hombre que excavó la tierra/ Para buscar en sus entrañas oro!" En un breve recorrido histórico que inicia el poema, arremete contra la codicia hispánica. A favor de Turla está la específica denuncia anti-esclavista en una de las estrofas. Pero la mayor parte del poema está dirigida a aquellos cubanos, herederos de la rapacidad del progenitor, en los cuales el oro se impone sobre el patriotismo: "Opulentos señores, que allá en Cuba/ Vivís en la molicie y el reposo…" De esta forma dos vertientes convergen en su gestación: avaricia y cainismo, producto de las experiencias vitales de Turla en el destierro. No hay que olvidar que el propósito independentista de la clase criolla acomodada se ve coartado por el peligro de perder las ventajas económicas de que disfrutaban, explicándose así sus claudicaciones clasistas. Esta dicotomía entre el ideal independentista y la pragmática del bolsillo crea una disidencia básica en la conducta cubana, que también se manifiesta más

allá de la temporalidad décimonona. Los intereses acaban por manipular
el ideal. El contrapunto entre el "tener o no tener" del bienestar
económico entra en juego con el "ser o no ser" del patriotismo. De ahí
viene el particular interés que tiene "Oro", independiente de sus
desaciertos líricos. El reproche de Turla no va dirigido a la voracidad
hispánica solamente, sino a la de sus compatriotas, dentro y fuera de
Cuba. La expresión lírica refleja la situación histórica, y la tradición
cainística queda establecida como una deformidad genética que va a ser
difícil de extirpar. El concepto de las dos Españas que dividió al pueblo
español del siglo XIX al XX, engendra el concepto de las dos Cubas,
que tendrá similares consecuencias y trayectoria temporal parecida.

El resultado final es "Degradación", decididamente uno de los peo-
res poemas del libro, pero que tiene de interés su significado histórico, la
conciencia de lucha tribal no sólo contra el Padre, que es el tirano, sino
por la posesión de la Madre, Cuba misma, víctima de un despojo que
perdurará más allá del coloniaje. Es como si al supurar la herida el ciclo
no pudiera cerrarse. La división radical entre buenos y malos no deja la
puerta abierta a términos medios, y la voz de la Madre es el dictado líri-
co del hijo, que la visualiza en el proceso de rechazo del hermano, al
cual le dice: "ni madre en tus congojas me apellides". Si España viene a
ser un Saturno devorando a sus propios hijos, Cuba engendra la imagen
de Caín y Abel luchando en el útero mismo de una Madre esclava que
no se ha liberado todavía. Por momentos la pasión es tan intensa que
Turla cierra el poemario con un alarido de tragedia clásica.

Aunque no es de extrañar que la amargura se imponga en la mayor
parte de los textos a consecuencia de la historia, "¡Perseverancia!" deja
entrever una luz en un túnel de sombras. A las múltiples inclemencias
del destierro, se unen las necesidades económicas sufridas por los exilia-
dos, que los obliga a sacrificios de índole material que tienden a resque-
brajar la moral y a buscar una solución en el regreso. A todos estos
desfallecimientos del cuerpo y el espíritu opone Leopoldo Turla la "per-
severancia", que constituye la base de su ética lírica, su credo moral, la
fueza madre que sostiene al individuo contra la tiranía y que es, en
definitiva, la lección última de *El Laúd del Desterrado*.

Tabla cronológica

1803   **Nace José María Heredia (muere en 1839).**

1809   Llegada a La Habana del general Wilkinson, comisionado por Thomas Jefferson para una posible anexión de la isla de Cuba, cuya propuesta no acepta el entonces gobernador, Marqués de Someruelos.

Román de la Luz, propietario de un ingenio en las cercanías de La Habana, es detenido y acusado de actividades revolucionarias, siendo condenado a prisión, al año siguiente, conjuntamente con otros comprometidos.

Diego del Castillo y Betancourt, de Puerto Príncipe, es detenido y acusado de actividades revolucionarias.

1810   Manuel Rodríguez Alemán y Peña, de nacionalidad mexicana y de paso hacia México, es acusado de agente bonapartista, apresado y ahorcado.

1812   Ocurren sublevaciones de esclavos en diferentes dotaciones y se descubre la conspiración de José Antonio Aponte, negro libre, que conjuntamente con ocho compañeros, es apresado y ahogado.

1812   Gobierno de Juan Ruiz de Apodaca.

1816   Gobierno de José Cienfuegos.

1818   **Nace Leopoldo Turla (muere en 1877)**

1819   Gobierno de Juan Manuel Cagigal

1820   **Nace Miguel Teurbe Tolón (muere en 1857).**

1820   **Nace Pedro Angel Castellón (muere en 1856)**

1821   Gobierno de Nicolás Mahy

Gobierno de Francisco Dionisio Vives

Se funda la "Sociedad de los Rayos y Soles de Bolívar" con fines independentistas, iniciándose proceso contra sus miembros, con el subsecuente destierro.

1825   Una orden real concede facultades omnímodas de plaza sitiada y de carácter permanente al Capitán General.

Creación de la Comisión Militar Ejecutiva y Permanente.

José Agustín de Arango y José Aniceto Iznaga se entrevistan con Bolívar en Lima con el propósito de conseguir su ayuda para lograr la independencia de Cuba.

Se funda en México la "Junta Promotora de la Libertad de Cuba".

1826   Nace Pedro Santacilia (muere en 1910).

Se celebra el Congreso de Panamá con resultados negativos para la causa independentista cubana ya que los Estados Unidos, la Gran Bretaña y Francia no recomiendan ningún cambio político en Cuba.

Los patriotas camagüeyanos, Andrés Manuel Sánchez y Frasquito Aguero, llegan a la costa sur de Camagüey con el fin de provocar un levantamiento, siendo descubiertos y condenados a morir en la horca.

Fracasa "la expedición de los trece".

1829   Nace José Agustín Quintero (muere en 1885).

Se funda la "Gran Legión del Aguila Negra" con el propósito de acelerar la independencia de Cuba.

1830   Se encarcelan y condenan a pena ordinaria de horca a numerosos militantes de esta organización.

1832   Nace Juan Clemente Zenea (muere en 1877).

Gobierno de Mariano Ricafort.

Se descubre la conspiración de la Gran Legión del Aguila Negra de la que formaban parte abogados, médicos, hacendados, escritores y artesanos blancos y de color.

1834   Gobierno del general Miguel Tacón.

1837   El licenciado Manuel Rojo es encarcelado por participar en la supuesta conspiración de los Hermanos de la Cadena Triangular, siendo detenidas numerosas personas e involucrados José Antonio Saco y Narciso López.

Se excluye a los diputados cubanos, recién electos, de las cortes españolas, perdiendo la Isla, definitivamente, su condición de provincia ultramarina.

1838   Gobierno de Joaquín de Espeleta.

1840   Gobierno de Pedro Téllez Girón.

1841   Gobierno de Gerónimo Valdés.

Es nombrado David Turnbull, distinguido escritor antiesclavista, cónsul de Inglaterra en Cuba.

Insurrecciones de esclavos en cafetales e ingenios, sangrientamente perseguidos y vencidos.

1842   Tras una turbulenta permanencia en Cuba, Turnbull es reemplazado en su cargo.

Regreso clandestino de Turnbull, que desembarca en Gibara con el propósito de rescatar un grupo de esclavos y el cual es hecho prisionero y después liberado.

Nuevas sublevaciones en diferentes ingenios que también fueron exterminadas brutalmente.

1843   Gobierno de Leopoldo O'Donell.

Se descubre la "Conspiración de la Escalera", llamada así porque los supuestos conspiradores eran amarrados a una escalera y torturados a latigazos hasta que emitieran una confesión; se desata una de las represiones más sangrientas de la historia de Cuba.

1844   Cientos de inocentes, entre ellos el poeta mulato Gabriel de la Concepción Valdés, "Plácido", son condenados a muerte como parte del proceso iniciado a causa de la "Conspiración de la Escalera".

1848   Gobierno de Federico Roncaly.

Narciso López organiza la conspiración de la "Mina de la Rosa Cubana", con el fin de iniciar una guerra independentista, pero al tenerla que aplazar y convertirse el proyecto en dominio público, se ve obligado a abandonar el país precipitadamente.

Se funda el "Club de La Habana", formado por dueños de ingenios, capitalistas y financieros cuya finalidad era separar a Cuba de España por medio de la anexión a los Estados Unidos.

Bajo el liderazgo de Gaspar Betancourt Cisneros se funda en Nueva York el "Consejo Cubano" y el periódico "La Verdad", ambos de tendencia anexionista.

Proceso del norteamericano William Henry Busch por distribuir en Cuba "La Verdad".

El presidente norteamericano James K. Polk propone la compra de Cuba por cien millones de dólares.

Entrevista de José Aniceto Iznaga, Gaspar Betancourt Cisneros y Alonso Betancourt con James K. Polk, presidente de los Estados Unidos, el cual no muestra interés en la notificación de un próximo levantamiento en Cuba con una subsecuente solicitud de anexión.

1849   Se confecciona en Nueva York, en casa de Miguel Teurbe Tolón, la primera bandera cubana, ideada por Narciso López; Teurbe Tolón diseña el escudo.

Fracaso de la primera expedición de Narciso López cuando el gobierno norteamericano confisca las embarcaciones en las que López preparaba el desembarco.

Joaquín de Agüero funda la "Sociedad Libertadora" en Puerto Príncipe.

1850   Gobierno de José Gutiérrez de la Concha.

Desembarco de la segunda expedición de Narciso López en Cárdenas, donde ondea por primera vez la bandera cubana; retirada de López al no recibir apoyo del pueblo cubano.

1851   Se levanta en armas Joaquín de Agüero; tiene lugar el sangriento combate de "San Carlos", en el cual hacen prisionero a Agüero, que después es fusilado, conjuntamente con José Tomás Betancourt, Fernando de Zayas y Miguel Benavides.

Levantamiento en armas en Trinidad por un grupo de jóvenes revolucionarios, encabezado por Isidoro Armenteros, que junto a Rafael Arcís y Fernando Hernández Echerri fueron degradados y fusilados por la espalda.

Desembarco de la expedición de Narciso López por Pinar del Río, el cual proclama la independencia de Cuba. Tras dividir sus tropas en dos columnas, una de ellas al mando del joven norteamericano William Crittenden, y la otra al mando del propio López, son derrotados y fusilados, el primero y sus compañeros en el Castillo de Atarés, y el segundo en el Castillo de la Punta.

1852   Gobierno de Valentín Cañedo

Inglaterra, Francia y los Estados Unidos discuten la posibilidad de una "Convención Tripartita" asegurando la no intervención en los asuntos cubanos, cuyas condiciones finalmente los Estados Unidos no aceptan, ya que se reserva el derecho de intervención en caso necesario.

Se descubre la conspiración de Vuelta Abajo y se decretan encarcelamientos, destierros y pena de muerte.

Demostración masiva ante el suicidio de Anacleto Bermúdez, acusado de haber participado en la conspiración de Vuelta Abajo.

Se funda la "Junta Cubana de Nueva York", presidida por Gaspar Betancourt Cisneros, con José Elías Hernández (prologuista y editor de *El Laúd del Desterrado*) en la vice-presidencia, destinada a encauzar las actividades de los grupos independentistas en el exterior.

Fusilamiento de Eduardo Facciolo por haber publicado un periódico, "La Voz del Pueblo Cubano", en defensa de la independencia.

1853   Gobierno de Juan de la Pezuela
Manifiesto revolucionario de José Sánchez Iznaga dado a conocer en Nueva Orléans.

1854   Segundo gobierno de José Gutiérrez de la Concha.
Nicolás Vignau da muerte en un café habanero al delator de Narciso López y escapa para Nueva Orléans.
Con motivo de la llegada de dos expediciones por Baracoa, Francisco Estrampes es condenado a muerte.
El presidente norteamericano Franklin Pierce intenta la compra de Cuba por ciento treinta millones de dólares.

1855   Ejecución de Ramón Pintó, catalán, detenido, procesado y condenado a muerte con extraordiaria rapidez, por colaborar en una invasión que llegaría por el puerto de Nuevitas, y por intento de asesinato del gobernador.
Declaraciones de Gaspar Betancourt Cisneros dándole el golpe final al movimiento anexionista como hecho inoperante para lograr la libertad de Cuba; disolución de la "Junta Cubana" y el "Club de La Habana"

1858   Se publica *El Laúd del Desterrado*.

Bibliografía selecta

Aparicio Laurencio, Angel. "Influencias poéticas en José María Heredia", en *Poesías completas*. Miami: Ediciones Universal, 1970.

Armas y Cárdenas. José. *Historia y literatura*. La Habana: Jesús Montero, 1915.

Bachiller y Morales, Antonio. *Apuntes para la historia de las letras y de la instrucción pública cubana*. La Habana: Academia de Ciencias de Cuba, 1965.

Bueno, Salvador. *Historia de la literatura cubana*. La Habana: Editorial Nacional de Cuba, 1963.

Bibliografía de la poesía cubana en el siglo XIX. La Habana: Biblioteca Nacional, 1965.

Bueno, Salvador. *Temas y personajes de la literatura cubana*. La Habana: Unión, 1964.

Bueno, Salvador. *La crítica literaria cubana del siglo XIX*. La Habana: Letras Cubanas, 1979.

Bueno, Salvador. *Figuras cubanas del siglo XIX*. La Habana: Unión de Escritores y Artistas, 1980.

Calcagno, Francisco. *Diccionario biográfico cubano*. New York: Ponce de León, 1879-1886.

Carbonell, José Manuel. *Pedro Santacilia. Su vida y sus versos*. La Habana: Academia Nacional de Artes y Letras, 1924.

Carbonell, José Manuel. *Leopoldo Turla y Denis, su poesía y su actuación revolucionaria*. La Habana: Academia Nacional de Artes y Letras, 1926.

Carbonell, José Manuel. *Pedro Angel Castellón, poeta y rebelde*. La Habana: Academia Nacional de Artes y Letras, 1928.

Carbonell, José Manuel. *Evolución de la cultura cubana (1608-1927)*. La Habana: El Siglo XX, 1928.

Carbonell, José Manuel. *Las Bellas Artes en Cuba*. La Habana: Imprenta Siglo XX, 1928.

Carbonell, José Manuel. *La poesía lírica en Cuba.* La Habana: El Siglo XX, 1928.

Carbonell, José Manuel. *Juan Clemente Zenea, poeta y mártir.* La Habana: El Siglo XX, 1951.

Carbonell, José Manuel. *Los poetas de "El Laúd del Desterrado".* La Habana: El Avisador Comercial, 1930.

Chacón y Calvo, José María. *Estudios heredianos.* La Habana: Trópico, 1939.

Chacón y Calvo, José María. *Juan Clemente Zenea, poeta elegíaco.* La Habana: El Siglo XX, 1951.

Chacón y Calvo, José María. *Las cien mejores poesías cubanas.* Madrid: Ediciones Cultura Hispánica, 1958.

Del Río, Angel. *Historia de la literatura española.* New York: Holt, Rinehart and Winston, 1948.

Fernández de la Vega, Oscar. *Santacilia.* New York: Poesía/ Inter-nos, 1986.

Diccionario de literatura cubana. La Habana: Instituto de Literatura y Lingüística de la Academia de Ciencias de Cuba, 1980, 2 vs.

Enciclopedia de Cuba. San Juan, Puerto Rico: Enciclopedia y Clásicos Cubanos, 1975-1977. 14 vs.

Estenger, Rafael. *Caracteres constantes de las letras cubanas; apuntes para la revisión de valores literarios.* La Habana: Academia Nacional de Artes y Letras, 1954.

Fernández de Castro, José Antonio. *Esquema histórico de las letras en Cuba. (1548-1902).* La Habana: Universidad de La Habana, 1949

Foster, David William. *Cuban Literature: A Research Guide.* New York: Garland Publication, 1985.

González, Manuel Pedro. *José María Heredia, primogénito del romanticismo hispánico; ensayo de rectificación histórica.* México: Colegio de México, 1955.

González del Valle y Carbajal, Emilio Martín. *La poesía lírica en Cuba, apuntes para un libro de biografía y de crítica.* Oviedo, España: Vallina, 1882.

González del Valle, José Zacarías. *La vida literaria en Cuba (1836-1840).* La Habana: Secretaría de Educación, Dirección de Cultura, 1938.

Henríquez Ureña, Max. *Panorama histórico de la literatura cubana.* Puerto Rico, Editorial Mirador, 1963. 2 v.

Henríquez Ureña, Max. *Panorama histórico de la literatura cubana.* La Habana: Editorial Arte y Literatura, 1978-79.

Heredia, José María. *Poesías completas.* Miami: Ediciones Universal, 1970.

Instituto de Literatura y Lingüística. *Perfil histórico de las letras cubanas desde los orígenes hasta 1898.* La Habana: Editorial Letras Cubanas, 1983.

Kuethe, Allan J. *Cuba, 1753-1815. Crown, Military, and Society.* Knoxville, Tennessee: The University of Tennessee Press, 1986.

Lazo, Raimundo. *Heredia, Zenea y Martí: poetas patrióticos.* La Habana: Selecta, 1954.

Lazo, Raimundo. *Teoría de las generaciones y su aplicación al estudio histórico de las letras cubanas.* México: Universidad Nacional Autónoma, 1973.

Lazo, Raimundo. *Historia de la literatura cubana.* México: Universidad Nacional Autónoma, 1974.

Lizaso, Félix. *Panorama de la cultura cubana.* México: Fondo de Cultura Económica, 1949.

Lomelí, Francisco. *Handbook of Hispanic Cultures in the United States: Literature and Art.* Houston, Texas: Arte Público Press, 1993.

Márquez Sterling, Carlos. *Historia de Cuba,* New York: Las Americas Publishing Co., New York, 1963.

Masó y Vázquez, Calixto. *Historia de Cuba.* Caracas: Unión de Cubanos en el Exilio, 1963-1964.

Mitjans, Aurelio. *Estudio sobre el movimiento científico y literario de Cuba.* La Habana: Consejo Nacional de Cultura, 1963.

Paquette, Robert L. *Sugar is Made with Blood.* Middlletown, Connecticut: Wesleyan University Press, 1988.

Pérez Jr., Louis A. *Cuba Between Reform and Revolution.* New York: Oxford University Press, 1988.

Piñera, Humberto. *Cuba en su historia. Del descubrimiento al siglo XX.* Madrid: Editorial La Muralla, 1978. 3 vs.

Piñeyro, Enrique. *Estudios y conferencias de historia y literatura.* New York: Thompson y Moreau, 1880.

Piñeyro, Enrique. *Vida y escritos de Juan Clemente Zenea.* La Habana: Consejo Nacional de Cultura, 1964.

Portell Vilá, Herminio. *Historia de Cuba en sus relaciones con los Estados Unidos.* La Habana: Jesús Montero, 1938-1941, 4 vs.

Portell Vilá, Herminio. *Narciso López y su época.* La Habana: Compañía Editora de Libros y Folletos, 1952.

Portuondo, José Antonio. *Panorama de la literatura cubana: conferencias.* La Habana: Centro de Estudios Cubanos, 1970.

Prida Santacilia. *Apuntes biográficos de Pedro Santacilia.* México: Cuadernos de Lectura Popular, 1966.

Remos, Juan J. *Micrófono.* La Habana: Molina, 1937.

Remos, Juan J. *Historia de la literatura cubana*. La Habana: Cárdenas y Cía., 1945. 3 vs.

Rivero González, Juana Luisa. *El sentimiento patriótico-revolucionario en la lírica cubana desde Heredia hasta Martí*. Pinar del Río, Cuba: Pinareño, 1947.

Santacilia, Pedro. *El arpa del proscripto*. New York: F. J. Vingut, 1856.

Santacilia, Pedro. *Del movimiento literario en México*. México: Imprenta del Gobierno, 1868.

Santovenia, Emeterio. *El presidente Polk y Cuba*. La Habana: El Siglo XX, 1935.

Santovenia, Emeterio, y Shelton, Raúl. *Cuba y su historia*. Miami: Rema Press, 1965.

Trelles Govín, Carlos Manuel. *Bibliografía cubana del siglo XIX*. Matanzas, Cuba: Quirós y Estrada, 1911-1915

Turla, Leopoldo. *Ráfagas del trópico*. La Habana: Imprenta de Barcina, 1842.

Vidal, Hernán. *Sentido y práctica de la crítica literaria socio-histórica*. Minneapolis, Minnesota: Institute for the Study of Ideologies and Literatures, 1984.

Villarreal Batista, Teresita, Josefina García Carranza, Miguelina Ponce. *Catálogo de publicaciones periódicas cubanas de los siglos XVII y XIX*. La Habana: Biblioteca Nacional, 1965.

Vitier, Cintio. *Poetas cubanos del siglo XIX; semblanza*. La Habana: Unión, 1962.

Vitier, Cintio. *La crítica literaria y estética en el siglo XIX cubano*. La Habana: Biblioteca Nacional, 1968.

Zenea, Juan Clemente, "Mis contemporáneos". (*Revista Habanera*, 1861), t. II.

Zenea, Juan Clemente. *Poesía*. La Habana: Academia de Ciencias de Cuba, l966).

Zenea, Juan Clemente. *Diario de un mártir y otros poemas*. Miami: Ediciones Universal, 1972.